解決問題的能力

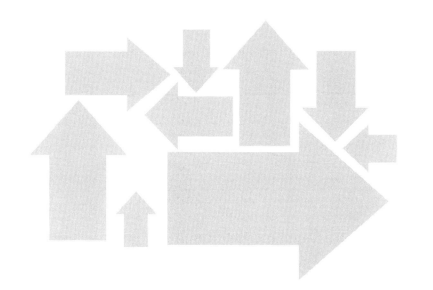

自 序

　　在工作和生活上，不管你是久經沙場的商務人士，或是剛踏入社會的社會青年，甚至是初生之犢的大學生或高中生，這個社會都要求我們要擁有眞正的解決問題的能力，也就是「學力」，能夠實際處理、解決手邊的問題，爲公司、爲團體，或爲家庭做出具體貢獻。事實上，我們生活常是充滿挑戰和危機，是以培養解決問題的能力十分重要。如何判讀情勢，界定問題，認定需求，提出方案，有效執行方案，每一步都非常關鍵。

　　《解決問題的能力》以圖表方式呈現，訓練讀者以程式架構的概念，統整環境與資源，做出適當決策，建立優質成長循環，不斷學習、進步，爲成功做好準備。析言之，本書提供你一套信手可及的思考架構，幫助你快速解讀環境、界定問題、認定需要、提出方案、執行方案，進而解決問題，開啓成功人生的鎖鑰。《解決問題的能力》可以幫助你找到提升「學力」的密碼，讓你透過有效學習，獲得解決問題的眞實能力。

　　《解決問題的能力》一書由學習開始，並由環境切入主題，使讀者迅速登堂入室，一探問題、需要與方案間的因果關係堂奧，是爲本書的特色。本書共 11 章 71 小節，分成「問題解決提案」與「實際執

行方案」兩個循環。首先，在問題解決提案方面，本書依序從能力、學習、環境、問題、需要、方案等六項環節來鋪陳，共有 6 章，循序漸進展開問題解決的第一循環旅程。再者，在實際執行方案方面，本書探討執行方案、認知刺激、行為反應、結果影響、思辨論證等五項主題，共有 5 章，藉以展開問題解決的第二循環歷程。《解決問題的能力》以圖解書的形式，採用一頁文字伴隨一頁圖表的方式陳述，簡明易讀，方便忙碌的現代人和年輕學子們隨手閱讀。

　　總之，《解決問題的能力》對於如何在工作及生活中解決問題以營造成功人生，提出言簡意賅的論述，直入問題核心，進而提供讀者一本解決問題的「教戰守策」。

　　《解決問題的能力》一書能夠順利完成，必須要感謝國立台北大學何志欽校長、薛富井前校長，提供優質教學與研究環境，以及校內教授同仁和學生的切磋。個人感謝愛妻彞璇二十六年來的辛勤持家、鼓勵和支持，並教養兩個兒子完成大學學業後進入職場。正如所羅門王《箴言》：「得著賢妻是得著好處，也是蒙了耶和華的恩惠。才德的婦人誰能得著，她的價值勝過珍珠。」此外，個人由衷感謝印刻出版社慨允出版；台灣科技大學游紫雲講師在潤飾校對文稿上的用心確實。最後，將此書獻給上帝。本書若有任何疏漏和缺失，尚祈各界先進給予指正，是幸。

陳澤義於國立台北大學

2015 年 9 月

【目 錄】

第三章 ｜ 解讀環境

第四章 ｜ 界定問題

第五章 ｜ 認定需求

第六章 ｜ 提出方案

第七章 ｜ 執行方案

第八章 ｜ 認知刺激

第九章 ｜ 行為反應

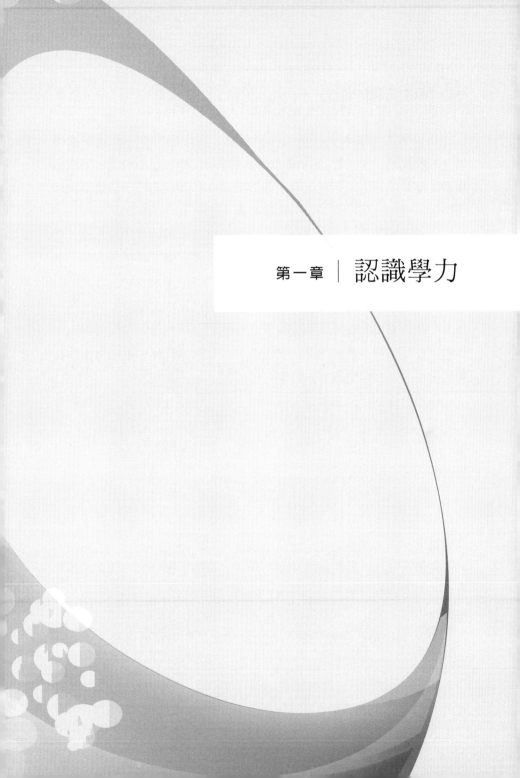

第一章 ｜ 認識學力

一、解決問題的能力

學校學習和職場工作最大的差別是，在學校學生花錢繳學費學習，在職場是企業主花錢請員工做事。在學校學生是消費者，而在職場員工卻是生產者。因此，要能夠在職場中生存與發展，需要具備解決問題的能力，這是競爭力中最重要的一環。

企業主雇用員工你來工作，絕不是只來做事情的，也絕不是只打卡上下班的，他是希望請你來幫助他解決企業經營上的各種問題。若是你能夠幫助企業主解決某項問題，幫公司降低成本或增加收入，老闆便會付給你薪水以資報償。若是你能夠幫助企業主解決多項問題，幫公司賺得豐厚利潤，老闆便會認為你無可取代而付你較高的薪水，你也可趁此待價而沽和老闆討價還價，甚至跳巢到願意付給你更高薪資的公司，這時你便擁有高競爭力。

例如，你在某大賣場擔任專櫃營業員，你需要解決服務現場顧客的問題、處理問題顧客的問題、面對大量來客時提升服務速度的問題、減化銷售行政流程的問題、處理顧客特殊需要的問題（如尋找廁所或要求白開水）等。

若是你無法幫企業解決任何問題，就算你每天準時到班，老闆還是有可能隨時會找其他人來替代你，這時你便失業了，因為你在此時沒有競爭力。

企業正要找尋能夠解決問題的長才，並給予更重大的職責，甚至重金禮聘向各界挖角求才。而解決問題的能力是需要在學校中或生活中先行學習。因此，本書即行探究解決問題能力的本身。

能力（ability）是指能夠、有力量完成某件事務，這是「實力」

的表現。能力就是一種實力，而能力是「操」出來的，是需要經常操練、學習才能獲得的一種實力。而在職場上所要求的解決問題的能力（problem solving ability）【1-1】，即是在職場和生活環境中，合宜的認定問題，提出有效的解決方案，進而具體執行，以澈底解決問題的實力。

準備好了嗎？讓我們開始這一段解決問題的能力之旅吧！坐穩了，「Let's go ！」

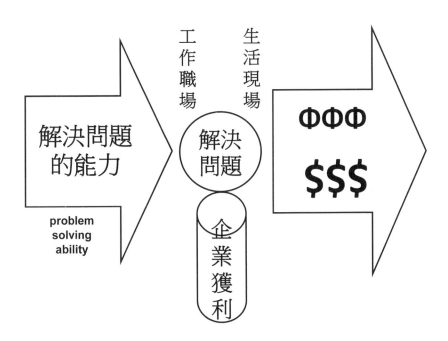

圖 1-1 解決問題的能力

二、在各級學校中要學會的能力

在各級學校中要學會的能力（即學力），有明顯不同，若以「給他魚吃或是教他釣魚」為例【1-2】，可說明如下：

1. **家居**：給「魚」階段，即給一份餐點可吃飽。有如在家中多擺一雙筷子即可吃飽飯。這又有如個人接受社會輔導的送餐到府的餐點，得到的是飽餐一頓的便當。

2. **職校**：給「釣竿」階段，即探究會使用釣竿（fishing rod），足以勝任低階工作，有一份工作可供溫飽。這又有如個人到職業訓練所或職業學校學習各種訓練課程，得到一支釣竿、一份工作。

3. **大學**：給「好釣竿」階段，即探究更佳設計的釣竿，和使用釣竿更臻精熟。此時即強化現有工具，故學士稱為「bachelor」，即低階騎士或爵士之意。又大學的英文字母（university）是「宇宙＋ity」之意，意指包羅萬象的學科。這又有如個人到大學中學習各種課程，得到做釣竿的技能，有能力做出好的釣竿，以轉職到更好的工作，這時需要有獨立思考、理性思辨的「學力」。

4. **碩士**：給「非釣竿」階段，即探究為什麼非要用釣竿來釣魚？可否用魚網或其他方法？此時即精進各種捕魚技能，故碩士稱為「master」，即專家之意。此有如個人讀碩士班研究魚群在哪裡（需求），捕魚方法有哪些（供給），他能夠開發出新的捕魚工具，到合適的地方捕魚。故研究的英文字母（research）是「再＋尋找」的意思，這時需要創新思考、市場研究的學力，以進行再尋找的工程。

5. **博士**：給「非魚」階段，即探究為何非得要吃魚？能否有其他的

選擇？此時即需創建自己的哲學思維，故稱博士為「Ph. D.」，Ph 即哲學（philosophy）、D 即學者（doctor）之意。這有如個人讀博士班研究為什麼一定要吃魚，何不改吃鳥肉，他能夠轉換問題的類型，探尋解決問題的創新方案，這就需要創新思想理念，探索哲學思維的學力。

準此，在每個學習階段所要學習的事務即明顯各異，有識者需明察秋毫，謹慎行事為上。

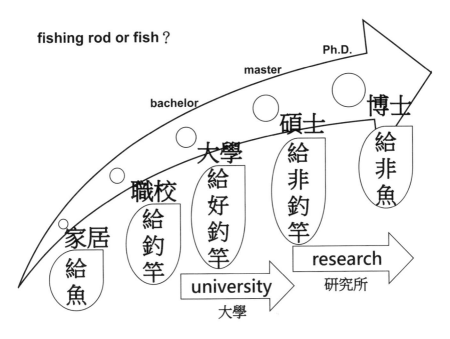

圖 1-2 在各級學校中要學會的能力

三、從得「釣竿」到得「非釣竿」的能力

除少數能夠理解到「得非魚」的哲學家，或只知「得魚」的人以外，絕大部分的人都是「得釣竿、得好釣竿、得非釣竿」之輩。因此，本節特別深入討論以上三者的差異：

1. 得釣竿

得釣竿的人，係在面對環境時，經由他人或自己界定問題後，他便直接提出所謂的解決方案，並能夠加以執行。此時即是在實際的事務層面，藉由個人經驗與單項技術，直接提出解案。得釣竿的人常是快速做出決策行動，此固然節省時間，但可能僅探討表面症狀徵候，頭痛醫頭、腳痛醫腳，無法深入問題本身，自然難以提出有效解決方案，是為其限制。因此，得釣竿的人經常忙於事務性工作，難以勝任中高階管理性職務，也自然較難爭取到較高的薪資。

2. 得好釣竿

得好釣竿的人，情況稍好，即在面對環境時，他能經由適當解讀環境以界定問題，再藉由統整經驗法則或應用知識，提出數種的解決方案，並且能夠精進上述解決方案的執行能力。因此，得好釣竿的人，即是在實務層面業已做到純熟幹練，能夠把事情做對得十分有效率。惟很可能會落入僅知其然，而不知其所以然，無從了解事情運作的本相，較難由理論層面探索問題背後的真實需求，探索問題的核心，是為其限制。

3. 得非釣竿

至於得非釣竿的人，則是更上層樓。即在面對環境壓力時，他能經由適當解讀環境以界定真正問題，進而界定問題背後的相關課題，並將實際的課題，轉換至理論層面，透過相關理論、定律或邏輯，逐步推論以認定真實需求，最後再據以提出解決方案，並且落實執行。得非釣竿的過程固然較為耗時費力，但卻能夠精準認定需求和提出正確解決方案，進而落實執行方案，是為優點。因此，能夠得非釣竿的人，即是能在理論層面與實務層面純熟飛躍，悠遊其間，故能夠勝任中高階的管理職位，進而獲得較高的薪資水平。

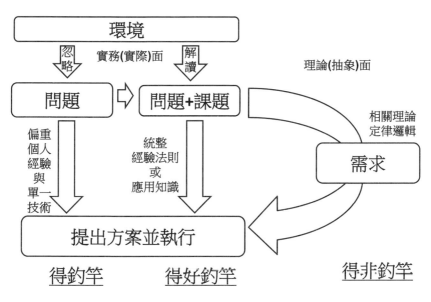

圖 1-3 從得釣竿到得非釣竿的能力

以上「得釣竿、得好釣竿、得非釣竿」的差別，即為解決問題的能力高下指標。其自然會影響一個人看事情的深度和廣度，以及能否具體有效的提出解決方案。

四、你得到的是「學歷」還是「學力」

在當今社會中，一項關鍵的問題是，你是得到「學歷」？還是得到「學力」？

1. **學歷**：學歷（educational level）指各級學校頒發的文憑，代表完成此一階段的學習，做為獲得某些學問的憑證。

2. **學力**：學力（learning attainment）指學會解決問題，具備解決問題的能力，這是在職場工作上，以及在日常生活上最為需要的能力。

一般人在小學六年，中學六年，大學四年所受教育十六年的學習中，到底是最後只獲得一張大學文憑，還是獲得十六年的學力，能夠面對現實生活上、工作上、家庭上的各種考驗，解決各種問題，這是值得深入探討的議題。

甚至有人讀到研究所多兩年的碩士學習，四年的博士學習，這六年間若依然只是最終獲得一張博士文憑，而無法為企業界所用，對照台灣博士滿街跑，畢業就失業，那真的會是一場十分可怕的惡夢。

進一步言，「學歷」或是「學力」的差別，在於面對實際問題時，兩者的對策會有明顯的區別，說明如下：

1. **學歷**：「學歷」先生會先向那張文憑膜拜，然後雙手一攤，說這是現有「環境」下的自然結果，而只能憑直覺提出所謂的解決方案，結果則是聽天由命。當然，以上只是虛假學歷者的場景，若是具備真實學歷者必然有其真實學力，此無庸廢言。

2. **學力**：「學力」先生則是會先思索此一實際「問題」的本身，從中發現若干蛛絲馬跡的線索，再回到問題背後所蘊含的學術理論

意涵，從其中找到各樣的因果關係，藉此尋求其背後的「需求」，繼而在由需求推演出解決的「方案」，此為第一循環的思考。

然後，「學力」先生繼續進行第二循環的思考，即「執行」此方案，探究方案的認知「刺激」與行為「反應」，並和問題背後的目標或期望相互對照，藉以驗證解決方案的有效性，同時也和最後的「結果」影響相互呼應。

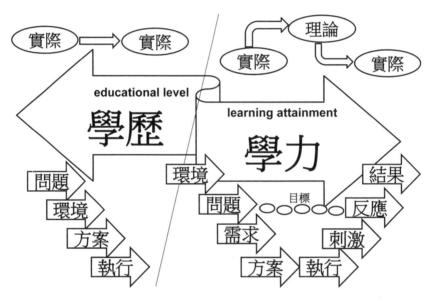

圖 1-4 你得到的是「學歷」還是「學力」

五、問題解決的能力：EBR 架構

學習力就是解決問題的能力，其實就是從檢視環境、解決問題到產生影響的過程，即「EBR 架構」，它包括三個單字，其英文的開頭字母分別爲「E」、「B」、「R」：

1. (E)：E 指環境（environment），即個人身處現實環境之中，爲基本的前提要件，其關鍵字爲「事件」，因爲環境即是由許多個事件所組成，此即本書第三章的內容。

2. (B)：B 指黑箱（black box），即檢視環境、提出方案、執行方案以解決問題。黑箱即是個人或企業解決問題能力的實質內涵，此即本書第四章至第九章的內容。

3. (R)：R 指結果（result），即產生與他人不同的結果，是爲解決問題能力高低的檢驗指標，其關鍵字爲「命運」，因爲結果即是影響力的延伸，並組成個人與國家社會的終極命運，此即本書第十章的內容。

以下繼續說明「黑箱」(B) 的內容。

前述的「黑箱 (B)」，包括兩個循環，即第一循環的提出方案，以及第二循環的執行方案，共同形成兩個迴圈，藉以完成解決問題，說明如下：

1. **第一循環的「提出方案」**：此時即是管理中的規劃層面，指藉由界定問題、認定需求、提出方案的三個步驟，完成方案的提出作業。經出此一步驟，重點在於提出一實務可行的操作方案，從而個人或企業能夠經由理性的大腦認知活動，推演出合宜的管理方案。

2. **第二循環的「執行方案」**：此時即是管理中的執行層面，指藉由執行方案、刺激目標對象、形成反應的三個步驟，完成方案的執行作業。經由此一步驟，重點在於具體落實此項操作方案，從而個人或企業能夠具體投入資源，克服反對抗拒，達成既定目標。

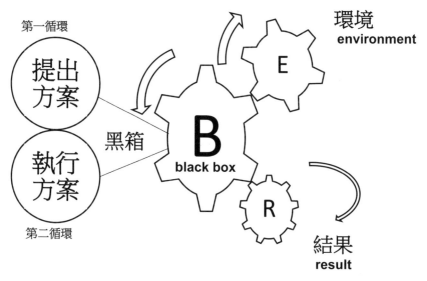

圖 1-5 問題解決的能力：EBR 架構

六、從問題到提出方案：第一循環

從問題到提出方案即第一循環，即所謂的問題形成到方案形成，或第一圈的「O-P-I」，包括以下各項：

1. **問題（problem）**：問題即為實際環境與主事者目標的落差，即心想與事成之間的距離。此時的關鍵字為「解讀」，因為問題可大可小，類型各異，端在於當事人的解讀。此為 OPI 結構的目標（O：objective）部分。

2. **需求（need）**：需求即為個人關切與重視的焦點，即據此形成討論的焦點課題（issue）。此時的關鍵字為「價值」，因為此時與當事人的價值觀密切相關，而為 OPI 結構的計畫（P：plan）部分。

3. **方案（alternatives）**：方案即為解決問題的方法，即據此形成管理對案（treatment）。此時關鍵字為「信念」，因為此時的方案有賴當事人以其信念發動，感召他人採取行動。為 OPI 結構的意圖（I：intention）部分。

第一圈中的「O-P-I」結構，其意義解說如下：

1. O：O 指目標（objective），此時係基於當事人對於內在目標的期望，於是生成外在的問題（problem），即本書第四章的內容。

2. P：P 指計畫（plan），此時係基於當事人對於內在計畫或期望的達成欲望，故生成外在的需求（demand），即本書第五章的內容。

3. I：I 指意圖（intention），此時係基於當事人對於內在意圖的期許，於是生成外在的方案（alternatives），即本書第六章的內容。

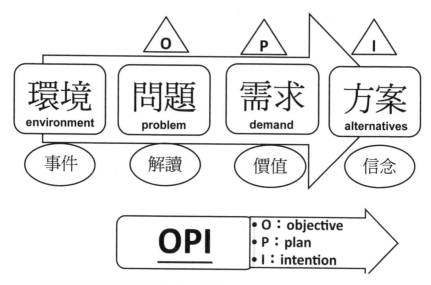

圖 1-6 從問題到提出方案：第一循環

七、從執行方案到反應：第二循環

從執行方案到反應即第二循環，即所謂的執行方案到產生行爲，指第二圈的「I-P-O」，包括以下各項：

1. **執行（execute）**：執行即爲管理方案的具體施行，即據此使管理對案成眞。此時的關鍵字爲「思維」，因爲當事人即努力構思完成方案，而爲 IPO 結構的投入（I：input）部分。

2. **刺激（stimulate）**：刺激即爲方案執行後，對相關人事物的刺激情形。此時的關鍵字則爲「認知與態度」，因爲當事人必然因著感官上的感知而有所回應，此爲 IPO 結構的過程（P：process）部分。

3. **反應（response）**：反應即爲個體受刺激後，所生成的連帶反應。此時的關鍵字爲「行爲、習慣與個性」，此代表當事人的回應刺激的情形，而爲 IPO 結構的產出（O：output）部分。

至於第二圈的「I-P-O」結構，其意義解說如下：

1. I：I 指投入（input），此時係基於對於方案的投入資源，於是生成外在的方案執行（execute），即本書第七章的內容。

2. P：P 指過程（process），此時係基於對於方案的過程活動，於是生成外在的認知刺激（stimulus），即本書第八章的內容。

3. O：O 指產出（output），此時係基於對於方案的產出情形，於是生成外在的行爲反應（response），即本書第九章的內容。

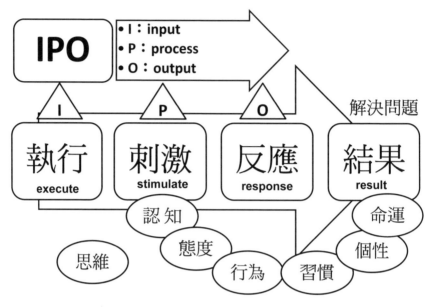

圖 1-7 從執行方案到反應：第二循環

【三國漫步之一】劉備的問題解決能力

　　在《三國演義》中，劉備自從和關羽、張飛在桃園三結義共同討伐黃巾賊後，陸續投靠曹操、袁術、公孫瓚、呂布、袁紹等將領，後來在荊州地區投靠劉表，哀嘆自十八歲離家討賊後，歷經近二十年歲月，六度轉換主子（有如今日的轉換六家公司，換六份工作），戎馬半生卻仍無半寸土地供安身立命（有如今日的月光族一事無成），顛沛流離而且復興漢室仍遙遙無期，功業未成。

　　劉備在尋找方向時常流於直覺，未能深思熟慮，謀定後動，其解決問題的能力不夠，即學習力明顯不足。直到荊州後才學會深刻反省，看清問題，自覺不足，真實需求浮現。方有後續的訪賢求才之舉，得遇異人水鏡先生指點迷津：團隊中缺少運籌帷幄之士。後來水鏡先生推荐徐庶（徐士元），徐庶本想投效劉備，但由於徐庶母親被曹操軟禁在許昌，徐庶遂不得不改前往許昌。

　　徐庶在臨行前向劉備舉荐諸葛孔明，徐庶推薦諸葛孔明，謙稱他和孔明之間的能力差距甚遠，猶如微弱晨星對上皓然明月。劉備在退無可退之際，願意三顧茅廬，在精誠所至，金石為開下，終於敦請諸葛孔明下山相助，後來劉備歷經赤壁之戰後方能占據荊州、湖南及四川等地，開始自立門戶（有如創業有成）。

註釋

〔1-1〕有關解決問題的能力，敬請參閱：伍學經、顏斯華譯（民93），《問題分析與決策：經理人KT式理性思考法》，查理斯凱・普納、班傑明・崔果著，台北市：中國生產力中心出版。

〔1-2〕有關學校各階段中要學會的事，敬請參閱：翟本喬（民104），《創新是一種態度》，台北市：商周出版。

第二章 ｜ 看重學習

一、能力是「操」出來的

能力是「操」出來的，是需要經常操練、練習才能獲得的一種實力。故能力是需要看重學習，用心持續學習才會得到的，故本書第二章先說明「學習（learn）」，這也構成本章的中心旨趣。

學習＝「學」＋「習」。正如孔子有云：「學而時習之，不亦悅乎！」即已明示，「學」加「習」即為學習。學習的本質是指「學會」和「練習」兩者。

1. **學會**：學會（learned）指「學到」若干的「新知」，學到的管道有五到，透過多種方式來接觸資訊。新知則包括資料、資訊、情報、知識、智慧、理論等。

2. **練習**：練習（exercise）指「取出」來「鍛鍊」使之熟悉，而這是需要平時多加重覆施作的事情。取出來則涵括照章取出，以及反芻取出兩大類。鍛鍊則是透過學校的作業與測驗；以及工作與生活上的解決問題來練習。

我們在職場工作中，每天都在學習解決問題。例如，協助企業行銷產品、協助企業製造優質產品等，而這些都需要解決問題的能力，即稱「學力」或學習力（learning ability）。

在生活現場，我們每天都在「學習」解決問題，例如，解決睡眠的問題於是使用床鋪和棉被；解決口腔清潔的問題於是使用牙刷和牙膏；解決吃飯的問題於是使用飯碗和筷子；解決通勤的問題於是搭乘公車或自行開車等。這些都是經過初次學會並多次練習而成的產物。

我們每天無時無刻都在學習，例如看報紙、電視或上網知道新聞，以及在工作、朋友聊天和街談巷議中明白若干事情等，都是學習

的範圍。若是碰到未曾遇見過的問題，則會啟動新的學習；當然，就算是現在業已面對的問題，也可以用新的方式來解決，這就成為「創新（innovation）」。

因此，如何學習在職場和生活環境中認定問題，進而尋求解決問題便十分關鍵。這也是本章的主旨所在，即看重「學習」合宜的認定問題，並看重「學習」有效的解決問題。

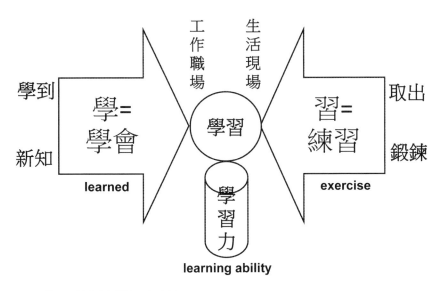

圖 2-1 能力是「操」出來的

二、學會＝「學到」若干「新知」

要看重學習需要先「學會（learned）」，這是具有學習力的先決條件。「學會」等於「學到」若干的「新知」，例如，媽媽看著寶寶說：「小寶寶，一點一滴學會了。」這是指小寶寶有學到一些新的知識而言，說明如下：

1. **「學到」**：學到（acquire）指個人透過觀察、認知、解釋、理解外界的事物，並且內化到日常生活各個層面上，以形成個人的習慣領域的情形。故學到是使個人的各種技能得以更加純熟精進的重要程序。

2. **「新知」**：新知（new knowledge）指「新增」的「知道」，也就是能夠知道更多新鮮的事物，不管是知道「是什麼」，知道「為什麼」，知道「是什麼時候」，知道「是什麼地方」，知道「怎樣做」等皆屬之。個人因著增添許多的知道得以明辨輕重緩急，分別是非善惡。故新知提供個人在許多方面得以成長並成熟的重要養分。

要能夠「學到」，更需要有學習的管道。學習的管道即為透過何種的感官來學習，此時即有所謂的學習「五到」，即五種感官，說明如下：

(1) 眼到：親眼所見，眼見為憑，以眼睛視覺所看見的來學習。例如，看電視、看報紙、閱讀書本。

(2) 耳到：親耳所聽，耳聽為據，以耳朵聽覺所聽見的來學習。例如，聽音樂、聽演講、聽 MP3。

(3) 手到：親手所寫，親手操作，以雙手所寫、所畫、所碰觸、

所施做的來學習。例如，撰寫習作、撰寫報告。

(4) 口到：親口所述，傳講內容，以口中的話語，全人所感觸的
來學習。例如，演講、報告、對話。

(5) 心到：內心體會，心中想像，以內心所思索的內容來學習。
例如，思考、發想、默想、沉思。

　　準此，看重學習即體現在「學習五到」上，上課專心聽講，抄寫
筆記，用心思考皆是必要的學習步驟，而非僅用手機照相功能將板書
拍照即行完事。

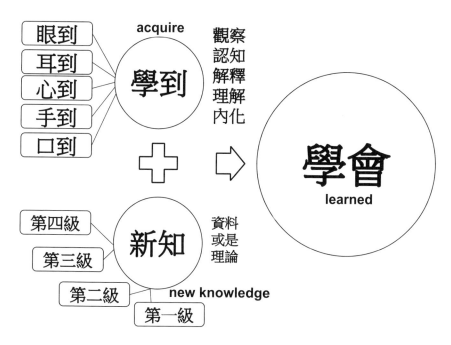

圖 2-2 **學會** ＝「學到」若干「新知」

三、學到：你學到的新知是哪一種層級

　　新知指新增的知道。新知包括資料、資訊、新聞、情報、知識、智慧、理論、定律等種類，分成四層級。這時可問：你學到的新知是哪一種層級呢？

1. **第一層級**：指較為原始，較少經過人為整理與編譯的文字、數據、圖畫或影音。細分成資料與資訊兩種：
   (1) 資料（data）：個別性、零碎性的文案。例如，個人資料、企業資料、地質、水文、氣候資料等。
   (2) 資訊（information）：經過整理後的文案。例如，公車路線與候車資訊、財務規劃資訊、影視節目資訊等。

2. **第二層級**：指經過特定目的而編譯的文字、數據、圖畫或影音。細分成新聞與情報兩種：
   (1) 新聞（news）：將最近剛發生事情的表述文案。例如，新聞報導、專題報導、焦點話題等。
   (2) 情報（message）：為某種特定用途而編纂的文案。例如，產業趨勢報導、理財投資趨勢預測、房地指南等。

3. **第三層級**：指經由初步證實實用的文字、數據、圖畫或影音文案。細分成知識與智慧兩種：
   (1) 知識（knowledge）：現階段相當多人實際使用的文案。例如，各項技術地圖、知識地圖、教科書等。
   (2) 智慧（wisdom）：經由歷史傳承下來的前人經驗或警語，並以文案陳述，然可能多半未經科學驗證。例如，格言、箴言、諺語等。

4. **第四層級**：指經由科學驗證爲眞的文字、數據、圖畫或影音文案。細分成理論與定律兩種：

(1) 理論（theorem）：經由科學精神與科學方法，反覆驗證後成立的命題、假說或論證。例如，人類需求層級理論、期望理論、兩因素理論、社會認同理論等。

(2) 定律（law）：將理論以簡單的因果關係陳述，成爲定律或法則，供社會大衆傳頌遵行。例如，熱力學第二定律、牛頓運動定律、質量不滅定律、波義耳定律、比較利益法則等。

在學校階段，我們需要學習各項理論與定律，並將之統整，以便日後能隨時取出以應用在生活與工作現場之上，如此才算是擁有解決問題的能力來源。

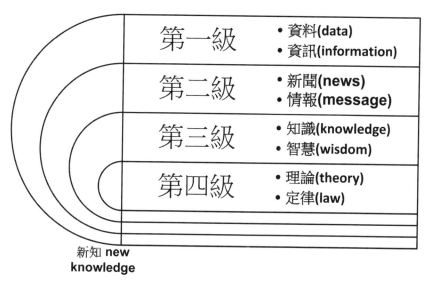

圖 2-3 你學到的新知是哪一種層級

四、APP 世代的學習盲點

在當前資訊社會，人們多在電腦使用谷歌（Google）網站，或透過平板、手機上的各種應用軟體（APP；application），溜覽網頁並進行相關資料檢索與下載，此已蔚為 APP 世代的重要學習管道。此種資料取得方式，具有以下特色【2-1】：

1. 快速取得解答：只要提出具體問題，便能迅速獲得答案。例如，要詢問從中和往三峽的公車、某颱風的未來動向 ，或某醫院某科別的掛號等，皆能在一指間迅速搞定。

2. 取得記憶性資料：網頁資料檢索與下載的資料多為記憶性資料，多為第一級和第二級的資料、資訊、新聞與情報，若能善用此一方式，當能大幅減輕大腦負擔。

3. 容易編輯剪貼：在提出問題後，能夠獲得多份所謂的答案，同時能編輯剪貼答案。例如，教師發出一份作業題目，學生便在相關領域上網檢索，即日內便可得數份相關資料，再將其剪貼編整，便成為一份作業報告。從而學生便不再費心閱讀相關專業書籍。

然而，此種「問題—解答」的檢索模式，不可避免的，生發出以下盲點與限制【2-2】：

1. **資料良莠不齊**：由於每個人皆能夠在網頁中發布資訊，使得在網站中檢索到的資料與情報五花八門，難免良莠不齊，令人難以判斷，特別是有關知識與智慧方面，一般人實難以判斷其是非對錯， 更遑論對於相關理論與定律的判別，進而資料錯用和誤用的例子時有所聞。現階段大學生繳交的作業報告，錯誤百出錯字連篇，或為此問題的冰山一角。

2. **限縮思考深度**：由於人們皆習慣「問題—解答」的檢索方式，此舉雖無形中省略深入思考問題的時間；但卻會限縮大腦思考的深度，使思考淺碟子化，較少進行深邃性思考，以致於僅能處理表面的小問題，難以面對深層的核心問題，弱化解決問題的能力。現階段台灣風行的「小確幸」，或為此一現象的表徵。

3. **缺乏整體思維**：每本專業書籍皆是作者思維的結晶，從架構鋪陳、章節安排到內容陳述，處處可見作者匠心獨具。閱讀書本即能掌握特定領域的整體思維，培養獨立思考的能力，此絕非網路檢索的零散資料所能及。

　　簡言之，APP 世代所接觸的網頁檢索與下載內容，較少探索智慧、理論與定律，以及背後的思辯論證，長久以往，自然不易培養深邃的思考，以及應有的解決問題能力。

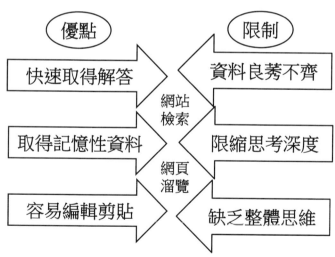

圖 2-4 APP 世代的學習盲點

五、練習＝「取出」＋「鍛鍊」

學習更包括練習，故孔子曰：「學而時習之，不亦悅乎」。基本上「練習」即等於「取出」來加上「鍛鍊」，特別是思考力練習。例如，寶寶取出他走路的力量並持續鍛鍊走路。這是指小寶寶已經練習多次他走路的能力而言。

1. **「取出」**：取出（withdraw）是一種心理認知的程序，即將過去發生過的事物，指業已在個體身上形成短期記憶的印象，透過認知回溯的程序，使之重複出現的情形。同時取出能夠提供個體提升認知敏感度的機會。取出更可依改變與否細分成照章取出和反芻取出兩者。

2. **「鍛鍊」**：鍛鍊（practice）是一種生理運作的程序，即將某種動作或行為，透過反覆施做的努力，使個體熟能生巧，進而能夠舉一反三、創新發展。故鍛鍊能夠提供個體活動增能的場域，與能力試驗的場所。鍛鍊更可依場域不同細分成學校鍛鍊和生活鍛鍊兩者。

故學習力是需要時常練習的，在學習提增解決問題的能力上即是練習思考，此時練習與思考實為一體兩面，不容偏廢。孔子早已明訓：「學而不思則惘，思而不學則殆。」頗值得大家深思：

(1) 學而不思則惘：若只有學習（練習）而沒有思考則容易迷惘，被外界的環境形勢所困惑，失去洞察力，因此隨波逐流，不知所至；更遑論趁勢而作，撥亂反正。例如，只讀死書而不知靈活應用的書呆子，以及食古不化、抱殘守缺而不知變通更新的老學究等。

(2) 思而不學則殆：若只有思考而沒有學習（練習）則容易危殆，整天書空咄咄，有如夢中囈語，無法生成任何實質貢獻，裨益國家、社會與個人。例如，成天叫哮謾罵且憤世嫉俗的批評人士，以及只知破壞不知建設的嘲諷人士。

準此，要學習提增解決問題的能力即需在平常事務上，學習思考此時的真正問題是什麼？現在有哪些需要去面對？正確的方案在哪裡？怎樣有效的執行方案等，如此便是走在提升解決問題能力的康莊大道上。

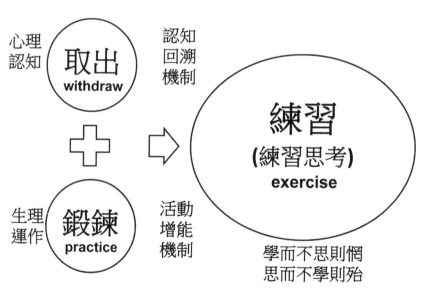

圖 2-5 練習＝「取出」＋「鍛鍊」

六、練習的取出方式和鍛鍊方式

取出方式指在認知活動中，如何取出過去的學習客體對象，在實務上通常包括照章取出和反芻取出兩種，說明如下：

1. **照章取出**：照章取出（current withdraw）爲初階型式的取出，指照本宣科，原封不動的將學習客體對象重覆展現。並以背誦、記憶、習作、填空測驗等方式呈現。例如，背誦法律條文、網路檢索查詢資訊、強記課本內容、從事標準作業程序操作等。基本上，照章取出爲低強度的認知活動，並未深入思考問題，對學習的助益十分有限。

2. **反芻取出**：反芻取出（ruminate withdraw）爲進階型式的取出，指改換形式，甚至是改換實質內涵的將學習客體對象再次展現。並以思考、想像、整合、解決問題等方式呈現。例如，處理管理問題、管理生活應用、創新企劃發想等。當然，反芻取出爲高強度認知活動，對學習的助益明顯較大。

至於鍛鍊的方式指反覆操作的過程，包括學校鍛鍊與生活鍛鍊兩大類，說明如下：

1. 學校鍛鍊：學校鍛鍊（school practice）指透過學校的作業習作、實習課程與各項測驗來鍛鍊，包括課室教學、企業實習等。

2. 生活鍛鍊：生活鍛鍊（life practice）透過解決生活上遇到的各項問題來鍛鍊，包括謀生歷練、工作磨練等。

不管是學校鍛鍊或生活鍛鍊，重點是一如約翰亞當斯（John Adams）所言：「我們需要勇敢的鍛鍊思考、閱讀、發言、寫作等行動，才是眞正握有學習力」【2-3】，能夠學習提高解決問題的能力，

此乃是「學歷」與「學力」的眞正分野所在。

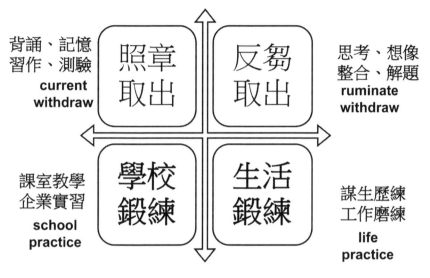

背誦、記憶
習作、測驗
**current
withdraw**

照章
取出

反芻
取出

思考、想像
整合、解題
**ruminate
withdraw**

課室教學
企業實習
**school
practice**

學校
鍛練

生活
鍛練

謀生歷練
工作磨練
**life
practice**

圖 2-6 練習的取出方式和鍛鍊方式

【三國漫步之二】呂蒙已非吳下阿蒙

　　三國東吳將領呂蒙從年幼即熟習武術，較少閱讀書冊。有一天吳王孫權對呂蒙說：「以後的你要擔當重大責任，掌管軍中兵符大權，需多添加學問技能，擴張眼界和知識，若能多多熟悉各家的兵法，勤奮學習後必能有所成，對你必然大有幫助。」

　　呂蒙答說：「我在軍旅生活中，奔波忙碌，十分繁忙。」

　　孫權答說：「你就是忙，也必定不會比我更忙。一定要記住孔子說過：『與其一整日滿腦空想，不如定下心來，抽空多努力用功讀書。』」

　　呂蒙在聽完勸誡後，下定決心奮發向上，苦讀經書，用心學習。後來果然精通各家兵法與學識，成為東吳在周瑜、魯肅之後的水軍大都督，有效的訓練水師。且聯合陸遜運用驕兵之計，使關羽將荊州兵馬全數調離，再攻取烽火台，關羽因而大意失荊州，同時殲滅關羽全師，並在麥城將關羽生擒活捉。

　　魯肅原來十分輕視呂蒙，後來看見呂蒙不論是在學問或見識上都快速進展，便不禁脫口說出：「士別三日，令人刮目相看」的讚嘆驚訝言辭，這也是成語「吳下阿蒙」一詞的由來。

　　呂蒙不再是吳下阿蒙的核心關鍵，在於有效學習和練習，也改變他對於「以後我要做些什麼工作？」問題的看法，因而成為留名青史的大將軍。

註釋

〔 2-1 〕有關資訊社會 APP 世代的現況，敬請參閱：馬奈譯（民 104），《第四消費時代》，三浦展著，台北市：時報文化出版。

〔 2-2 〕有關資訊社會 APP 世代的學習盲點，亦請參閱：陳郁文譯（民 104），《破解APP 世代》，霍華納‧嘉納、凱蒂‧戴維合著，台北市：時報文化出版。

〔 2-3 〕約翰亞當斯（John Adams）是美國第一任副總統與第二任總統，在任內簽署發布《美國獨立宣言》，被美國人視為重要的開國元勛之一，約翰亞當斯與華盛頓、傑斐遜、富蘭克林同享盛譽。

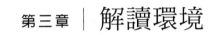

第三章 ┃ 解讀環境

一、解讀環境的基本功

我們生活的現場就是環境（environment），要解決問題需要先進行外在環境解讀，探究現在發生什麼狀況，以及應該如何處置因應。這是具有「解決問題能力」的人的基本特徵。然而，為方便解讀，我們可將環境先依時間與空間軸來劃分，此為解讀環境的基本功：

1. 時間軸：即按照時間的推移區分成昨日環境、今日環境、明日環境三者。昨日環境係指過去歷史場景，今日環境係指當前現狀，而明日環境則是想像未來可能的情景。這是一切分析的初始。

2. 空間軸：即按照空間的位置區分成內部環境、外部環境二者。其中內部環境常指組織內部，而外部環境則指組織之外。然而，不管是內部或外部環境，我們皆可將之進一步再細分人的環境、事的環境、物的環境。

解讀環境有四個重點，如下所述：

(1) 評估現狀：即評估與澄清現在的狀況，探究外界環境中發生了什麼事。也就是探究目前發生哪些「事件」，以及它們背後所代表的意涵。

(2) 探求問題：即探求形成現狀的原因與後果，探究為什麼會這樣，藉此界定問題的類型，以及背後所需要面對的需求，即需求分析。

(3) 研擬對案：即形成解決問題的過程，通常是列舉三個方案以供選擇一方案，即探究應該要走哪一條路。

(4) 預測情境：即預測大未來，探究未來發展會是什麼樣的情況，以進行預測的探究工程。

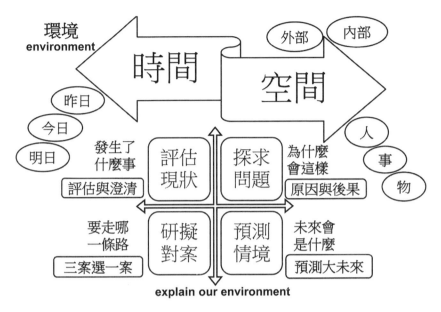

圖 3-1 環境的基本解讀

二、解讀環境：天時、地利與人和

此時，一項常用的解讀環境、劃分情勢的工具，則是「天時、地利、人和」的三分式架構：

1. **天時**：意指順應天意，回歸大時代的變化趨勢，按照天理而行。在以往的君權時代，常將君王權勢、政治勢力納入天時的範圍。例如，諸葛孔明隆中策即云：「北讓曹操得天時。」係因為曹操業已挾天子以令諸侯，握有君主王權之故。

2. **地利**：意指呼應地勢，回歸山川地理和交通區位，按照地利而轉。例如，諸葛孔明隆中策即云：「東拒孫權得地利。」因為孫權占有長江之天險，易守難攻。

3. **人和**：意指因應人心，回歸人心向背和民意流動的消長動向，按照人心而動。例如，諸葛孔明隆中策即云：「將軍可得人和。」因為劉備軍民和諧，對百姓秋毫無犯，眾百姓皆起來歸順。

此外，環境劃分與解讀另可更進一步由「天、人、物、我」來界定，進行有意義的四分式分隔如下：

1. **天**：指個人與上帝的關係，重點在於尊崇敬天關係的建立與維繫，進行天人間的合一與敬畏行為。包括敬畏上帝和順應天理兩個子項目。

2. **人**：指個人與他人的關係，重點在於美好人際關係的建立與維繫，進行人我間的合作與互助行為。包括肯定別人和接納別人兩個子項目。

3. **物**：指個人與萬物的關係，重點在於仁民愛物關係的建立與維繫，進行與萬物間的和諧與共生行為。包括善用物品和珍惜物品

兩個子項目。

4. 我：指個人與自己的關係，重點在於健康自我形象的建立與維
　　繫，建立自信心，進行完備的自主管理與自愛行為。包括自我反
　　省和自我肯定兩個子項目。

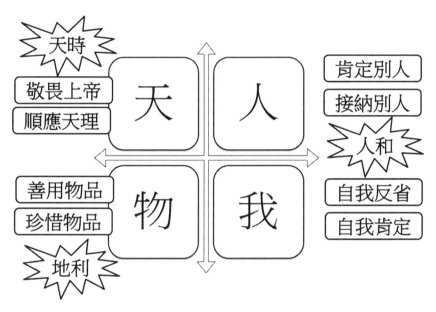

圖 3-2 解讀環境：天時地利與人和

三、解讀環境的三個 C

在深入解讀環境的諸多事件時，不免會剖析環境的特性。解讀環境有三個 C，是為解讀環境的「CCC」特性，即連結性、複雜性、變化性，分述如下：

1. **連結性（connection）**：意指環境中的各個層面是環環相扣，相互連結的，亦即彼此間的相互關聯性甚高，難以具體切割。例如，環境中的經濟面細分為所得、物價、利率、匯率、失業率等實錯綜複雜互為因果。

2. **複雜性（complexity）**：意指環境中的各個層面是複雜多元，難以再細分的。例如，環境中的政治、經濟、技術與社會面，實不易再細分，難以分割。

3. **變化性（change）**：意指環境中的各個層面的變動是十分快速，與時俱進的，亦即不只變化速度日益增進，且變動方向更不易掌握，特別是十倍速的資訊時代。

此外，另就科技創新效果的角度，可將解讀環境由敵意性、異質性、動態性來考量【3-1】：

1. 敵意性（hostility）：即匱乏性，指取得原料或物料的困難程度，以及周邊產業的不完整發展程度。敵意性愈高的環境意謂著科技創新的刺激效果愈差。事實上，敵意性與連結性在構面上十分近似。

2. 異質性（heterogeneity）：即複雜性，指同業間產品品項的差異程度、技術變化速度、同質廠商的數量多寡、彼此間的瞭解程度，以及進入障礙的高低。異質性愈高的環境意謂著科技創新的刺激

效果愈弱。事實上，異質性與複雜性在構面上有相通之處。

3. 動態性（dynamicity）：即變動性或不確定性，指技術變化不易
   預測、顧客需求不易預測、顧客忠誠度高低，以及政府產業政策
   的不確定程度。動態性愈高的環境意謂著科技創新的刺激效果愈
   不顯著。事實上，動態性與變化性在構面上有若干雷同處。

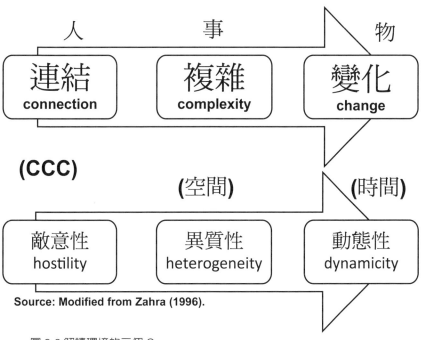

Source: Modified from Zahra (1996).

圖 3-3 解讀環境的三個 C

四、解讀環境：供需調整與管理實務層面

在供需調整層面，我們經常使用解讀環境的基本經緯，即由需求、供給、管制三個層面來切入，進行具體而微的解讀，說明如下：

1. **需求面**：指「拉」方面的各種力量，代表某種欲求、價值、吸引的力道，是人心中理想追求的體現。例如，人心期望的呼喊、物質需求的提升、心靈需求的渴望等。

2. **供給面**：指「推」方面的各種力量，代表某種製造、生產、形成的力道，是人心中落實期望的舉措。例如，倫理道德的重建、過往榮耀的恢復、心靈美學的實現等。

3. **管制面**：指「調」方面的各種力量，代表某種介入、調整、輔導的力道，是人心中期待管理控制的行動。例如，仁政代替暴政、大地迎接明君、普世迎接救世主等。

另就實際應用的企業管理角度，可將環境做以下的劃分與解讀，說明如下：

1. **總體環境**：指總體大環境，可依照政治、經濟、社會、技術四個面向，形成一國的「PEST」的分析架構【3-2】。亦可以波特（Porter）的國家鑽石矩陣（nation diamond matrix），以全球的角度，細分成生產要素條件、市場需求條件、支援與相關產業表現、整體策略結構與競爭狀態、政府角色、特殊機會等六個層面【3-3】。

2. **產業環境**：指產業內環境，可依照波特（Porter）的產業競爭五力分析（five-force analysis），細分成供應商議價能力、消費者議價能力、市場競爭條件、新競爭者加入者、替代品的出現等五個

層面【3-4】。

3. **任務環境**：指企業組織周遭的小環境，包括當事團體與利益團體二類。其中當事團體如各級經理人、員工、顧客與競爭者；利益團體則如勞動工會、股東、鄰近社區、產業公會、環保團體、其他非營利團體等。

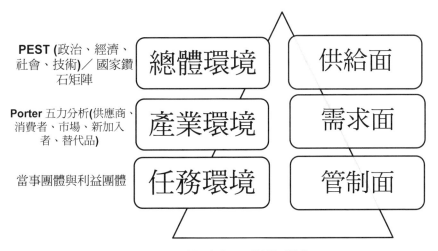

Source: Modified from Aguilar (1967); Porter (1985, 1990).

圖 3-4 解讀環境：供需調整與管理實務層面

五、解讀環境與系統的交錯介面

此時，若將「環境」的範圍，由原來的外部環境，擴大至內部環境，亦即將系統視為內部環境，而涵括在內，此時的解讀環境即為解讀環境與系統的交錯介面，而成為知名的 SWOT 分析【3-5】，即為系統面的優勢與劣勢（SW），以及環境面的機會與威脅（OT），茲說明如下：

1. 系統面

系統面即所謂「力量是主觀的，操之在我」，是自己可以掌握的成分；探究系統，也就是「知己」層面，進而可得「知己知彼，百戰百勝」。分述如下：

- **(1) 優勢（strength）**：指相對強於他人的地方，包括績效與重要性的兩大衡量構面，據以形成優勢矩陣。在分類比較上，個人可用人、事、資料三個面向來分析；企業可用生產、銷售、人資、研發、財務的五個面向來分析。
- **(2) 劣勢（weakness）**：指相對弱於他人的地方，亦包括限制與重要性的兩大衡量構面，據以形成劣勢矩陣。

2. 環境面

環境面即所謂「形勢是客觀的，成之於人」，是自己無法掌握的部分；探究環境，也就是「知彼」層面，進而可得「知己知彼，百戰百勝」。分述如下：

- **(1) 機會（opportunity）**：指對自身而言，可資成為相對利益的

外界事物，包括相對利益與成功機率的兩大衡量構面，據以形成機會矩陣。在分類比較上，無論個人或企業，皆可用政治、經濟、社會、科技的四個面向來分析。

(2) 威脅（threat）：指對自身而言，可資成為相對損失的外界事物，包括相對損失與失敗機率的兩大衡量構面，據以形成威脅矩陣。

最後，可將優勢搭配機會，獲取槓桿效果的綜效；如為弱勢遇見機會，則是空歡喜的限制情形；至於優勢搭配威脅，則為遭受打擊，尚能挺住；若是劣勢遭逢威脅，則恐淪為危機時刻，必須謹慎處理，以免傾覆。

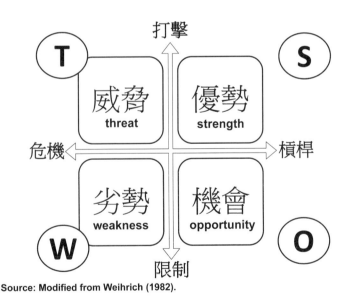

Source: Modified from Weihrich (1982).

圖 3-5 解讀環境與系統的交錯介面

六、解讀環境見證偶然力

面對迅速變化的環境，需要宏觀的巧妙將環境的「偶然」，問出對的問題，以轉換成為個人的「機會」。進而能夠將此一機會，轉換成個人「智慧」的優勢，並且再將優勢智慧，透過績效以拉高成為人生「格局」，藉以見證偶然力（serendipity）【3-6】，成就反思型學習力。

偶然力包括偶然、機會、智慧、格局四個基本元素，偶然力管理公式是：「偶然力＝偶然＋機會＋智慧＋格局」。

偶然力管理包括三個層面的轉換。第一次轉換是在迅速變化的環境中，經由 SWOT 分析尋找成功機會。第二次轉換是在各項機會中，經由 80/20 黃金管理法則【3-7】和時間管理等智慧技能，將機會轉化成個人實力。第三次轉換是在業已建置妥當的實力中，經由績效評估設計，抬高生命格局，並放下個人得失心，以成就不平凡的事蹟。此種能力，更是具有學歷與學力的重要分野。

偶然力是面對環境的分析與處理能力。重點是在環境中正確提問的能力。因為必須先問對的問題，然後才會有對的解決方案和對應的執行處理活動。

要見證偶然力需要問對的問題，面對環境，通常需要這樣問：

(1) 問題一：「在現在的環境下，我為什麼而活？」
(2) 問題二：「在現在的環境下，我應該怎樣生活？」
(3) 問題三：「在現在的環境下，我要怎樣能活出我應該活出的生命？」這是三個各自獨立，但又相互關聯的人生基本問題【3-8】，值得吾人深思。

而面對現在的工作環境，我們也需要這樣問自己：「我是誰？」「我要服務的顧客是誰？」「我給顧客的價值是什麼？」「我怎樣服務來滿足顧客的價值？」這是任何個人或企業，面對工作環境，必須回答的四個核心使命問題。

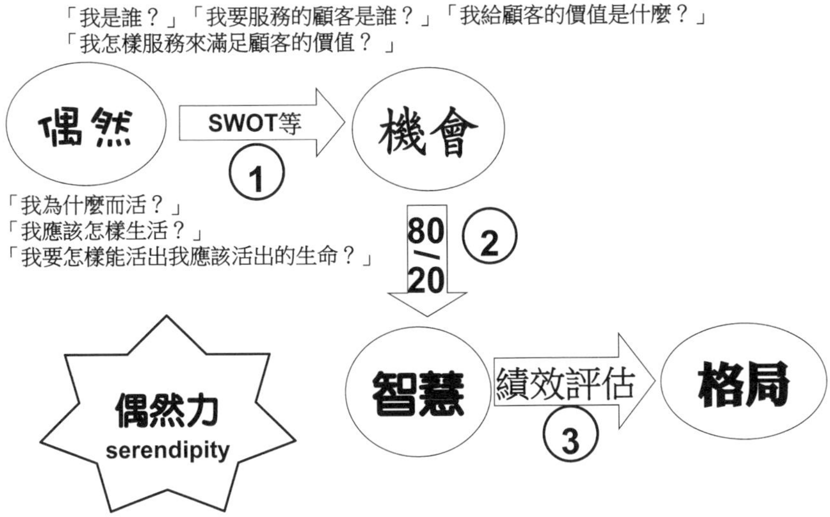

「我是誰？」「我要服務的顧客是誰？」「我給顧客的價值是什麼？」
「我怎樣服務來滿足顧客的價值？」

偶然 ──SWOT等①──→ 機會

「我為什麼而活？」
「我應該怎樣生活？」
「我要怎樣能活出我應該活出的生命？」

80/20 ②

偶然力
serendipity

智慧 ──績效評估③──→ 格局

圖 3-6 解讀環境見證偶然力

【三國漫步之三】諸葛亮解讀天下大勢

諸葛亮號孔明，人稱伏龍先生，居家臥龍崗故又號臥龍居士。諸葛亮初見劉備，即能夠高瞻遠矚，明察天下春秋大勢，爲劉備解讀現今環境：

首先，中原地區在連年征伐下，業已殘破不堪，民不聊生。並且河南洛陽和開封地區水利廢弛，導致黃河多次改道，河水四處潰堤泛濫，河南地區的地產資源早已消耗殆盡。

此外，江北地區的徐州和小沛等城池，也早在呂布、袁紹、公孫瓚等將領的數度搶奪下，城池毀壞，無法鎮守，農產資源亦多欠收。

同時，曹操盤據北方已有多日，故諸葛亮提出總體環境評估：北方已無經濟與政治利益可資獲得，故云：「北讓曹操以得天時。」

至於江北地區，孫權占據長江天險，雄據江東已歷經三代（即爲孫策、孫堅、孫權），軍事與政經根基深厚，故諸葛亮亦提出總體環境評估：南方亦難有經濟與政治利益可趁，故云：「東拒孫權以得地利。」

至於荊州地帶地處偏南，遠離中原戰禍，且久無戰爭，加上地處長江的魚米之鄉，天然物產資源鼎盛且民生樂利。但荊州地勢平坦無險可守，非久居建國之地。

此外，西川蜀地是百物豐饒地塊，素有「天府之國」令譽，加上高山大川四境圍繞，形成軍事上易守難攻的絕佳態勢，故諸葛亮總結提出總體環境評估：西方是可資據守圖謀進取之地，有明顯的經濟與政治利益可圖，故云：「西進將軍可得人和。」

註釋

〔 3-1 〕 有關環境特性，敬請參閱：Zahra, S.A. (1996), "Technology Strategy and Financial Performance: Examining the Moderating Role of the Firm's Competitive Environment," Journal of Business Venture, 11: 189-219.

〔 3-2 〕 有關 PEST 分析，一名 STEP 分析，係探討總體環境的政治、經濟、社會、科技面情勢，後來添增環保面的分析，是為 STEPE，敬請參閱：Aguilar, Francis (1967), Scanning the Business Environment. New York: Macmillan.

〔 3-3 〕 有關波特（Porter）「鑽石矩陣」（Diamond Matrix），敬請參閱：Porter, M. E. (1990), "The Competitive Advantage of Nations," Harvard Business Review, 68(3): 73-93.

〔 3-4 〕 有關波特（Porter）「產業競爭五力分析」（Porter five forces analysis），敬請參閱：Porter (1985)。Porter, M. E. (1985), Competitive Advantage: Techniques for Analyzing Industries and Competitors, NY: The Free Press.

〔 3-5 〕 有關優勢、劣勢、機會、威脅的 SWOT 分析，敬請參閱：Weihrich, H. (1982), "A Hierarchy and Network of Aims," Management Review, 71(1): 47-54. 以及 Valentin, E. K. (2001), "SWOT Analysis from a Resource-Based View," Journal of Marketing Theory and Practice, Spring, pp.54-69.

〔 3-6 〕 有關偶然力，敬請參閱：Barber, R. K. Merton, E. (2006). The Travels and Adventures of Serendipity: A Study in Sociological Semantics and the Sociology of Science, Princeton, NJ: Princeton University Press.

〔 3-7 〕 有關黃金管理 80/20 法則。出自 1897 年義大利經濟學者柏巴瑞圖（Pareto），他發現 80/20 法則（Pareto Principle），指花費百分之二十的努力，可獲得百分之八十的產出。

〔 3-8 〕 有關人生三個基本問題，即為知名的「人生三問」。出自孫效智（2009），〈台灣生命教育的挑戰與願景〉，《課程與教學季刊》，12(3)，頁 1-26。

第四章 ｜ 界定問題

一、由解讀環境到界定問題

　　基本上，環境係以「事件（events）」的串接來呈現。在特定環境中，例如，在同一個國家或同一個城市當中，每個人所面對的環境都是相同的。所以我們常說：「形勢（環境）是客觀的，成之於人。」這時需留意三個解讀要點【4-1】：

1. 事件的解讀人人不同

　　首先，相同的事件，各人的解讀（explain）並不相同，即會形成不同的「問題」。例如，大學生同樣面對 22K 的求職大環境，有人由薪資多年未調整入手，解讀成世代剝削，要求世代正義，要求企業應補回多年間未調整的薪資差距。有人則是由自己競爭力入手，解讀成新的競爭機會，反求諸己，致力提升個人的就業條件。準此，問題的界定不同，產生的解決方案也就會有明顯的差別。所以我們會說：「力量（問題）是主觀的，操之在我。」

2. 各事件間並不互相干連

　　基本上，你四周發生的各個事件，都是不相干連的，是互相獨立的。這是由於每個事件的背後，皆是許多人做出決定後的結果，而這些決策並沒有互相關聯。此時，個人要如何看待每一個個別事件，不會相互牽連在一塊，不致將甲事件和乙事件攪和在一起，結果是改變原來的問題，形成新的問題。這是非常要緊的人生智慧，必然會影響個人的喜樂心情。此時個人需要辨明什麼是「客觀事實」，什麼是「主觀解讀」。

3. 需要重新再解讀

只要個人能夠停格下來重新再解讀，每個發生在身上的所謂「不好事件」，其實皆能重新被解讀為「美好事件」，結果是原本的問題便不復存在了。這實在是段探索心靈，尋找寶貝的生命歷程。個人需要勇敢尋找、練習，並發現每個事件背後的「寶貝」。然後將此寶貝加以凍結、放大，並貼到個人的相機鏡頭中，藉此享受解讀的美好果實。

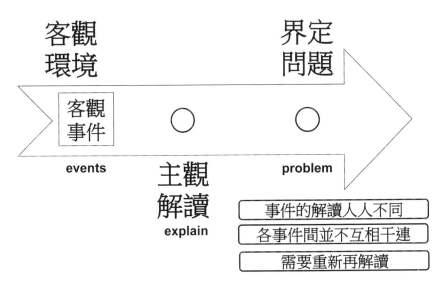

圖 4-1 由解讀環境到界定問題

二、「問題」的本質

在界定問題時，需要先澄清什麼是「問題」。

問題（problem）的本質，一言以蔽之，就是「期望狀況」和「實際現狀」中間的落差（gap），落差愈大表示問題愈嚴重，需要加以正視。亦即問題就是落差，或稱偏差，代表一種個人不滿足的情況。

在此一情況下，期望狀況即是在某一環境中，個人主觀的想要，即個人想要達成的情況（設定的目標）、期望看見的情況（願望或夢想），甚至是個人企盼看見的願景（使命或願景）。

至於實際現狀即是現在的光景，是一客觀的事實。例如，年輕人若想要存到第一桶金（如一百萬元），但目前月薪僅 30K，則會形成某項「問題」。

界定問題會對當事人形成某種壓力，藉以深入探究真正的需求，激發出想出解決問題的動力，進而提出適當的解決方案，即為解決問題的歷程，也是學習力的展現。

若想要進一步探究界定問題的本身，問題規格矩陣（problem formula matrix）是一項優良的工具。問題既是一種偏差，使用問題規格矩陣便可以指明問題的偏差方向，其包括以下四項偏差：

(1) 偏差的本身：指何種（what）型式的偏差，例如，金額上的千元、速度上的分秒、時間上的天數、長度上的公尺、重量上的公斤、容積上的公升等。

(2) 偏差的時間：指何時間（when）開始發生此一偏差，其是否會隨著時間變化而增添、持平或是減緩呢？

(3) 偏差的地點：指在何地點（where）開始發生此一偏差，其是

否會隨著地點的改變而變動偏差大小呢？

(4) 偏差的比例：指偏差的程度（extent）大小，通常是偏差差距
占期望狀況的百分比數值，其饒富管理意義。

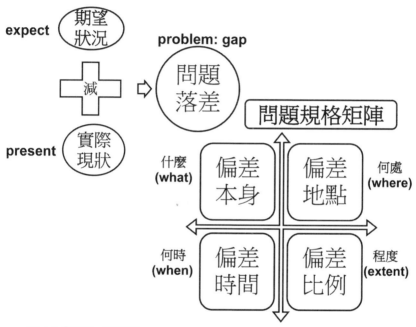

圖 4-2「問題」的本質

三、由探求偏差界定問題類型

下一步即為由探求偏差界定問題類型，此為合乎邏輯的思考方式，而若是要由偏差來探求問題類型，需先問以下的問題【4-2】：

1. **差距（gap）**：現在的狀態和先前期待的狀態，是否存在相當的差距呢？若是此一落差夠大，足以對當事人形成困擾和壓力，則此一問題便可成立。

2. **規範（norms）**：就現在的狀態來看，是否有哪些地方未達到既有的規範標準呢？若是，即會形成「回復原狀型」問題。

3. **變化（change）**：就現在的狀態來看，是否發生了什麼樣的變化，讓你覺得進行的並不順利呢？若是，即會形成「管制型」問題。

4. **期望（expectation）**：就現在的狀態來看，有沒有哪些事情是非你個人的期望或期待呢？若是，即會形成「提高期待型」問題。

5. **未來（future）**：最後，若不去管它，將來是否會產生嚴重的不佳狀態呢？若是，即會形成「防微杜漸型」問題。甚至於需要重新審定需求，即為「重新部署型」問題。

另就管理層面，界定問題通常包括以下三個層面：

(1) 需求面問題：指問題來自於人的需求層面，通常為需求面增加。係起因於人們設定較高的目標，或達成期望目標後再進一步提高目標，從而發生需求大於供給的情形，此時的均衡數量與價格皆會提高。此有如「提高期待型」問題或「防微杜漸型」問題。例如，要求達成 1000 萬業績、市占率提高 10% 等。

(2) 供給面問題：指問題來自供給層面，通常為供給面減少。係起因於資產折舊、物資用罄、物品毀損，從而發生供給不敷需求的情形。此時的均衡數量減少但均衡價格提高。此有如「回復原狀型」問題或「重新部署型」問題。例如，印表機缺碳粉、動力系統故障等。

(3) 管制面問題：指問題來自於外在管制層面，通常為出現物質誘因刺激，他人推薦或廣告刺激，此屬於假性需求問題，從而發生失衡的情形。此有如「管制型」問題。例如，逛街時受環境刺激而購買需許多非計畫購買的物品、在暴利吸引下鋌而走險運毒入關等。

至於上述界定問題的能力，絕對是學歷與學力的重大分野。

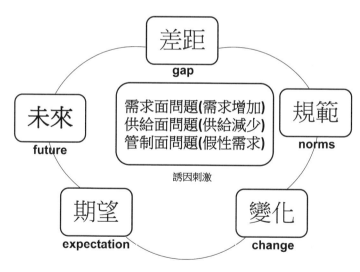

圖 4-3 由探求偏差界定問題類型

四、常見的四種問題類型

若由供給與需求來看，麥肯錫企管顧問公司（McKinsey & Company）認定，問題的類型可區分成回復原狀型、提高期待型、防微杜漸型、重新部署型四大類【4-3】：

1. **回復原狀型**：回復原狀（restore to origin）型問題指現狀業已偏離先前設定的目標、偏離既定標竿，或無法達成過去的業績水平等。此即前述供給面問題的應用。

2. **提高期待型**：提高期待（lift expectation）型問題指為追求更高的理想，因此現狀必須重新轉型，改弦易轍，俾能更上層樓。此即前述需求面問題的應用類型。

3. **防微杜漸型**：防微杜漸（precautious beforehand）型問題指隨著時間的推移，發現會逐漸形成偏差現象，必須未雨綢繆，及早處置。此即前述長期供給面問題的應用。

4. **重新部署型**：重新部署（redeploy）型問題指在長期下必須改弦更張，重新調整方向，進而重行配置相關資源。此即前述長期需求面問題的應用。

至於前述的四種問題類型，更可由兩個角度來分析，即空間與時間軸面，而形成以下之形式：

(1) 空間軸面：即指空間上的供給與需求，包括供給減少後的「回復原狀型」與「防微杜漸型」；以及需求增加後的「提高期待型」與「重新部署型」類型。

(2) 時間軸面：即指時間上的短期與長期，包括短期上的「提高期待型」與「回復原狀型」；以及長期上的「重新部署型」

與「防微杜漸型」類型。

更有甚者，我們可將複雜性的龐大問題，適度切割成可資處理的小問題，以降低解決問題的困難度。在此時，適度運用空間「分類」和時間「排序」的技巧便十分重要，如此便可將複雜問題簡單化處理，達到分別克服（divide and conquer）的效果。例如，可將「找工作」的大問題，細分成事前的預備方向、事中的筆試和面試、事後的工作適應等三個小問題。同時更將事前的預備方向，細分成能力預備、興趣探索和個性調和等三個子問題，再各自提出合適的解決方案。

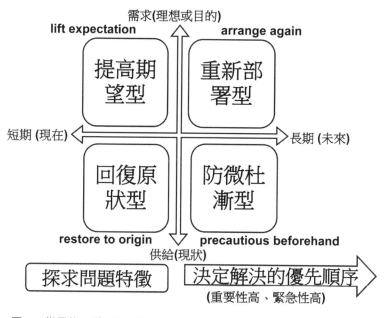

圖 4-4 常見的四種問題類型

五、探求問題類型與背後原因

如欲探求問題類型與背後原因,重點在於辨識問題種類,以找出最有可能的真正原因。

這時的問題發生原因通常係指向兩個層面,即內外層面和表裡層面,說明如下:

1. **內外層面**:內外層面指問題係來自於系統或是環境,指個人或是對象,在個人系統上即是指「知識」與「經驗」方面;在對象環境上即是指「知識」與「差異」方面。此為圖表中的縱軸所代表的意涵。

2. **表裡層面**:表裡層面指問題係來自於抽象或是實際,指理論或是實務,在抽象理論上即是指「知識」或是「差異」方面;在實際實務上即是指「經驗」與「變化」方面。此為圖表中的橫軸所代表的意涵。

透過適當的分類以及聚焦某一主題的技巧,將有助於界定問題的類型和找到背後的原因。

若欲探求問題類型與背後原因,通常需要從實務層面抽回到理論層面,藉由若干相關理論學理的幫助,以便尋找到可資支撐的因果關聯。

此時在學校所學習到的理論知識便十分有用,因此在求學階段,需要建立若干有用的分類架構,將所學習到的理論、法則、定律或公理等,有系統的歸類、排列在特定的領域中,以方便在實際生活上、工作上、家庭上碰到實際問題時,能夠信手捻來,隨時隨地取出來加以應用,這也就是「學習力」的展現。

在實務上，管理學是生活管理、工作管理、家庭管理中皆能活用的學科。因此，建議可先以管理學中的計畫、組織、領導、協調、控制的五個層面，當作建立分類的最上層架構，如此一來，便十分容易將理論和實務間的鴻溝有效縮減，茲建議讀者採用之。

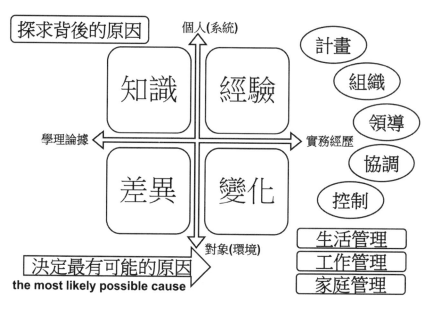

圖 4-5 探求問題類型與背後原因

六、界定問題時需要考量的基本議題

在界定問題時，需要考量兩個基本議題：

1. 分辨形式面與實質面

首先，要能分辨「形式」面與「實質」面，以求能界定出真正的問題，說明如下：

(1) 形式面：形式（form）即「表」，指的是表面上的徵候（symptom），它是一種表象的形式。例如，發燒、頭痛皆是一種形式的症狀徵候；員工高流動率、高階主管跳槽也是一種徵候表象。

(2) 實質面：實質（content）即「裡」，指裡面內部的根本病因（reason），它是一種內部的實質。例如，肺部發炎與細菌感染則是上述發燒的病因；企業人事傾軋與賞罰不公則是上述離職的根因。

界定問題重點應分辨形式表面及實質內裡，切勿將徵候表象誤判成內部問題的真正原因，亦即問題界定需要詳細診斷與分辨其中變數的因果關係。如此方能界定出真正的問題，展現出渾厚的「學力」。

2. 互斥原則與周延原則

另外，界定問題需要考量互斥原則與周延原則：

(1) 互斥原則：互斥原則（mutually exclusive）指不重疊，不重複，各種內容不會相互交錯，具備相互排他性。例如，供給與需求即為互斥；系統與環境亦為互斥；意願與能力亦是互

斥；短期與長期也是互斥等。

(2) 周延原則：周延原則（collectively exhaustive）指不遺漏，不忽略，將各種內容全部涵括在內，具備集合網羅性。例如，上層的策略、中層的管理、底層的作業即為周延；人取向、事取向、資料（物）取向亦稱周延等。

至於互斥與周延的字首英文字母縮寫，合起來即為「MECE」【4-4】，發音類似「我看看（me see）」。此時即是拆解事物，探究各個組成元件之間的相互關聯性，從架構上去思索部分與整體的關係，不會發生見樹不見林的缺失。

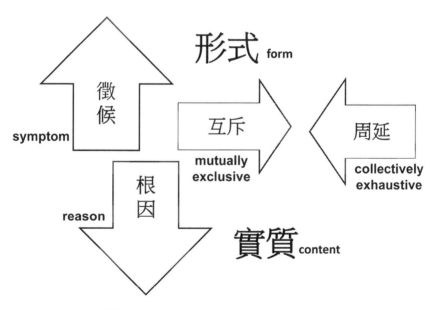

圖 4-6 界定問題時需要考量的基本議題

七、界定問題與創新思維

在界定問題時，更需具備創新思維，來界定出眞正的問題所在，此時需先做好以下數項【4-5】：

1. **打破框架**：框架是主觀設定或歷史上約定俗成的認定或限制。在現有框架下，該問題可能是作業性（效率）問題，打破框架則可能轉成管理性（競爭）問題或策略性（整併）問題。例如，要給魚還是給釣竿，此時若挑戰去問：「爲什麼非要吃魚？」則是打破既有框架。

2. **突破習慣**：習慣是業已重覆執行的歷程，所形成的經驗法則。在既有習慣下，凡事依樣畫葫蘆而不去問爲什麼，突破習慣可重新界定問題，找到新的需求。例如，我們習慣在家中、辦公室或用公用電話打電話，打破習慣是界定問題爲提高期望型問題，需求爲想要隨時隨地撥打電話，於是產生「手機」的解決方案。

3. **隱含假設**：隱含假設是思想上爲節省時間所做出的捷思處理。例如，大學生假設每天花時間上課、玩社團、玩手機後，所以就產生沒時間賺錢，準備出國念研究所的問題。此時需要面對的是隱含假設是否爲眞。

4. **制度標準**：制度標準是環境上業已實施的規定或是應該遵守的典範。此時應在道德與法律允許的前提下，重新界定問題。例如，從事水上活動規定要穿救生衣是制度，穿救生衣照相效果可想而知，此時重新界定問題，改成戴上瞬間充氣救生手表，則兩全其美。

5. **現實限制**：現實限制是現有環境關係所傳達出來的訊號統稱。例

如，年輕人低薪 22K，面對高房價難以結婚成家，此時即行轉變問題成為：「成家為何一定需要買房？」則是突破現實限制。具備創新思維的強弱，是「學力」高低的重要指標。

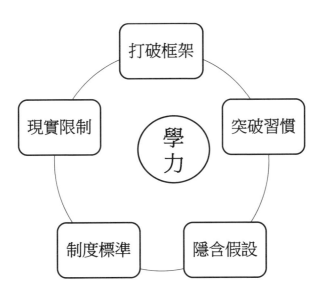

圖 4-7 界定問題與創新思維

八、問題內涵的六個 W

在考量上述因素後，此時便可將問題內容具體陳述，即為問題內涵的六個 W，如下所述：

1. **人（who）**：指問題的發生與特定人的關聯，其又可細分成歸責於系統與歸責於環境兩大類。亦即是內部歸因性問題或外部歸因性問題。在其中歸責於系統的問題是我們解決問題的可著力點。

2. **事（what）**：指問題的發生環節，是集中在一般物品上，或是集中在特定物品上兩大類。亦即是全面性問題或局部性問題。藉此可探尋需建立解決問題的一般通則，或是建立個案特例以凸顯特殊性。

3. **時（when）**：指問題的發生時間，是屬於常態性發生，或是屬於一時性發生兩大類。亦即是常態規律性問題或一時特殊性問題。同時需針對若不處理時會更加嚴重的問題，優先處理和解決問題。

4. **地（where）**：指問題的發生地點，是在全球各處皆發生，或是僅在特殊地點中發生。亦即是全球性問題或在地性問題。藉此可探尋需建立解決問題的全面原則，或是建立特定個案以凸顯地域性。

5. **物（which）**：指問題的發生對象，是在核心部分或是在枝節部分。亦即是核心性問題或枝節性問題。此時需優先處理核心性問題。

6. **如何（how）**：指問題的發生是落於頂層策略層面，或是在底層作業層面。亦即是策略性問題或作業性問題，從而解決問題時即

可由不同層次來入手。例如，制定宏觀戰略以解決策略性（strategic）問題，訂定活動戰術以解決作業性（operational）問題。

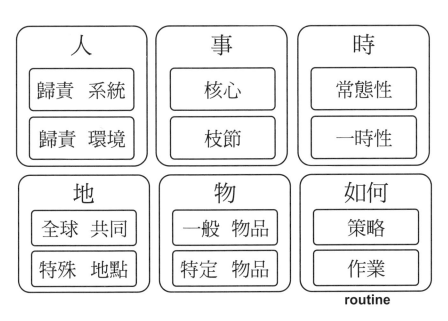

圖 4-8 問題內涵的六個 W

九、問題的衝突屬性

最後，從另外一個角度言，問題本身也代表著某種形式的衝突（conflict），此時的有三種衝突類型如下【4-6】：

1. **目標不一致**：目標不一致（goal inconsistency）指兩方努力的目標不盡相同，所導致發生方向性拉扯的衝突撕裂問題。例如，男女朋友一方想要攻讀博士學位，另一方想要工作賺錢，因此漸行漸遠，最終是分手收場。

2. **領域重疊**：領域重疊（field overlap）指兩方權利和義務的規範不夠準確，導致發生領域重疊的衝突撕裂問題。例如，兩個人爭取同一個主任職位，三個賣方皆爭取同個買方等。

3. **認知與事實不符**：認知與事實不符（unequal between cognition and actual facts）指因為認知誤會或缺乏溝通，所導致發生行為碰撞和衝突撕裂問題。例如，男方送女方一只手錶當生日禮物，但女方希望獲得一個皮包，所產生的認知與事實不符的衝突。

而面對問題的衝突點不同，即需要針對不同的病灶來對症下藥，有五種解方，說明如下：

(1) 營造和解的空間：即主動擺宴營造協調與調停氣氛，以正面協調排解雙方的爭議。

(2) 提出更高層次的目標：面對目標不一致的衝突，可訴諸更高層次目標，增添衝突者的自尊以處理紛爭。即促使對方願意為更高層努力目標，轉換方向，因而放棄現階段的衝突損失。

(3) 提出創意解決方案：面對目標不一致的衝突，亦可研擬創意

解決方法，以導引各方善意並顧慮及彼此尊嚴，雙方皆得下
台階以解決衝突。

(4) 擴大資源供給：面對領域重疊的供給不敷需求衝突。可把餅
做大，至外界獲取資源，並加以妥善分配，藉以化解衝突。

(5) 確保認知公平：面對認知與事實不符的誤會衝突，即需化解
誤會，使各方的認知達成公平。

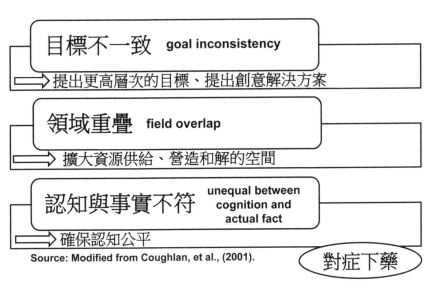

Source: Modified from Coughlan, et al., (2001).

圖 4-9 問題的衝突屬性

【三國漫步之四】曹孫劉界定不同問題型式

在《三國演義》中，曹操、孫權、劉備為關鍵人物，然三人面對漢室衰敗，群雄並起時的志向殊異，也界定出不同的「問題」類型。

曹操原為漢朝大臣，原本就兵精糧足，氣勢雄壯，故能夠在十八路諸侯共同討逆時，被推舉為諸將領之首。後來更將漢獻帝迎到許都，「挾天子以令諸侯」，伺機擴展勢力，趁機而起。是以曹操所認定此時的問題是屬於「提升期望型」問題。

孫權為漢室諸侯之後，其祖父孫策原為長沙太守，位討逆十八路諸侯之列，在亂事稍定時，眼見董卓亂政，即回師江東，積極經營地方，徐圖沉潛再起，傳子孫堅、傳孫孫權。是以孫策（孫權）所認定此時的問題是屬於「重新部署型」問題。

劉備為漢朝中山靖王劉勝的後裔，漢景帝閣下玄孫，具有漢劉血統，見黃巾賊亂，百姓生靈塗炭，遂起義抗賊，以復興漢室，恢復漢朝為職志，期望能看見往昔的光榮，故劉備所認定此時的問題是屬於「回復原狀型」問題。

由於三人認定的問題類型不同，導致後來的解決方案各異，發展方式即自然有別。

註釋

〔 4-1 〕有關環境解讀，敬請參閱：陳澤義（民 104），《幸福學：學幸福》，台北市：五南圖書出版。

〔 4-2 〕有關由偏差探討問題類型，敬請參閱：鄭瞬瓏譯（民 102），《麥肯錫問題分析與解決技巧》，高杉尚校著，台北市：大是文化出版。

〔 4-3 〕有關問題的四種類型，同註 4-2。

〔 4-4 〕有關「MECE」的用語，敬請參閱：伍學經、顏斯華譯（民 93），《問題分析與決策：經理人 KT 式理性思考法》，查理斯凱 • 普納、班傑明 • 崔果著，台北市：中國生產力中心出版。

〔 4-5 〕有關界定問題的創新思維，敬請參閱：翟本喬（民 104），《創新是一種態度》，台北市：商周出版。

〔 4-6 〕有關問題的衝突本質分析，敬請參閱：Coughlan, Anderson, Stern and El-Ansary (2001), Coughlan, Anne T., Anderson, Erin, Stern, Louis W. and Adel I. El-Ansary (2001), Marketing Channels, New Jersey: Prentice-Hall. 以及 Robbins, S. P. (2014), Organization Behavior, the thirteenth edition, Prentice-Hall, Inc.

第五章 ｜ 認定需求

一、將問題轉換成需求

在界定問題後，下一步即需將問題轉換成需求（demand），即指由問題認知的座標軸切入，轉置成以對方的角度，探究其需求，藉以尋求後續的可行方案。在探究需求時，通常包括三個因素如下：

1. **關切**：關切（care）指此點是否是對方的業務範圍內，即需要提出對方可能會關切的課題。此為從「投入面」的考量。
2. **重視**：重視（emphasis）指此點是否是對方現在所重視的領域，即需要提出對方可能會看重的課題。此為從「過程面」的考量。
3. **滿足**：滿足（satisfy）指此點是否是能滿足對方的真正需要，即需提出對方可能會滿足的課題。此為「產出面」的考量。

例如，要解決顧客低忠誠度的問題，品牌經理可由品牌重新定位著手，關係經理則由關係品質精進著手，人事經理則由員工的組織承諾著手。

而在將問題轉換成需求時，需先分析問題（problem），此時有所謂的「OPI 架構」可供參酌：

1. O 指目標（objective）：指管理者的夢想與期望，是為管理問題或難題。
2. P 指計畫（plan）：指計畫或期盼產生具體效益的場域，或稱主力戰場，是為管理課題。
3. I 指意圖（intention）：指當事人想要執行的事務，是為研究子題。

根據問題分析的 OPI 架構，即首先要分析現狀與期望中間的落差，是為此時的問題（problem），是為有待管理的目標；然後是選定

做為具體入手的課題（issue），是為可看出具體效益的戰場領域；最後才是做為解決方式的方案（alternatives），是為管理者想要執行的事務項目。

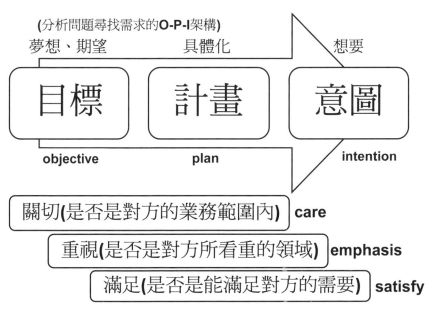

圖 5-1 將問題轉換成需求

二、由界定問題尋找合適課題

在界定問題後，若是要找出合適的課題，可以透過以下麥肯錫企管顧問公司的「SBIA」分析程序來探索之【5-1】，說明如下：

1. **穩定狀況（stable）**：即原本平穩安定的情形，或爲設定的目標，或爲合乎標準作業程序的作爲。此即爲恢復原狀問題所要恢復的「原狀」，或爲提高期望型所渴望見到的某種期望。

2. **障礙發生（barrier）**：即發生若干失衡的狀況，形成若干的障礙，此時即形成若干問題或偏差（落差）。

3. **探究課題（issue）**：針對障礙現象，轉移角色並列出有待完成的課題，此時即由企業本身（company）、競爭對手（competitor）、消費顧客（customer）的 3C，三種角色的需求來列舉，即爲課題。

4. **解案（alternatives）**：針對需求或課題的內容，提出具體的解決方案或解答（answer），即爲解案。

另在認定需求的過程中，需要藉以尋找合適的課題，此時應注意以下三點：

1. **正確界定問題的類型**：正確界定問題的類型，絕對是設定本質性課題的起步，不容加以忽視。例如，恢復原狀型問題即和提高期望型問題明顯不同。

2. **重新思索觀點與立場**：透過觀點與立場的再思考，可以站在思想的高度，從制高點來切入問題，藉以找到最合宜的課題。例如，從消費者立場即明顯與企業主立場有別，更與政府管制者的立場有異。

3. 是否排除必要課題：在設定課題時，切不可將具有價值的課題排除在外，亦即需由互斥與周延的角度思考，是否已經排除必要的課題及方案選項，此即有如在迴歸分析中，不可遺漏重要解釋變數一樣的道理。

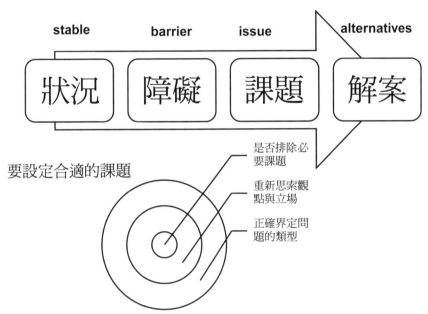

圖 5-2 由界定問題尋找合適課題

三、透過課題的相關理論或邏輯認定需求

在找到合適課題後，即需要透過課題的相關理論與邏輯認定真實需求。這時候通常會出現兩種情形，說明如下：

1. 直接認定需求：直接認定需求即由界定問題後的相關課題，直接的認定需求。即仍停留在實際的事物層面，透過經驗法則或個人直覺，直捷式的決定需求。直接認定固然較為節省時間和成本，但往往流於表面徵候的探討，未能深入到問題的核心，也就難以認定真實的需求，是為此法的缺失。

2. 間接認定需求：間接認定需求即在經由界定問題後的相關課題時，多層次的認定需求。即將實際的問題與課題，轉換到理論層面，運用相關理論或邏輯，逐步推論來決定其需求。間接認定固然需耗費較多的時間和成本，是為其限制；但卻能夠精確認定真實的需求，進而提出正確的方案，是為其優點。以下更說明實際操作的步驟：

    (1) 從問題到課題：首先，界定問題後即需尋求可資入手的課題領域。例如，要解決企業利潤不足的問題，可由生產管理入手，力求降低生產成本；亦可由行銷管理入手，力求提升銷售數量與收入；更可由研發管理入手，力求研發創新新產品以打敗競爭對手；或由財務管理入手，力求活絡資金調度與投資收益以賺取利益等，不一而足。

    (2) 從課題到理論：再者，一旦確認課題領域後，即需探究相關的理論或定律，乃至於相關的邏輯推論，藉以認定特定的因果關係，此時重點即在於檢視對應的推論思路是否完備，至

於推論思路的運作方式請參見本書的第十一章。

(3) 從理論到需求：最後，一旦確認理論、定律或邏輯推論的內涵後，即能找到所涉及的關鍵變數，即需求項目，進而可得出相關的應用方式。例如，某一款洗面乳面對顧客忠誠度低落的現象，經認定為品牌領域的課題，並引入社會認同理論，即可探知此時的消費者品牌認同需求有待滿足。

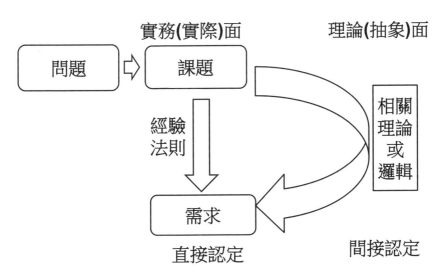

圖 5-3 透過課題的相關理論或邏輯認定需求

四、認定需求：真實需要與心中想要

在認定需求時，需要分辨出眞實需要與心中想要兩者的差異，說明如下：

1. **真實需要**：眞實需要（needs）是個體此時的眞正需求。例如，在回復原狀型問題中，現狀與原狀的落差，致使個體感到不舒適的情形，如身體飢餓或口渴；又如在提高期望型問題中，新的期望業已成爲努力目標，必須要達成時，如部門提高業績目標並規定成員必須達標。

2. **心中想要**：心中想要（wants）則是個體心中慾望的外在表現。例如，在提高期望型問題中，新的期望並非必需達成的目標，而僅是個體的內心想要，如某人看見新手機想要購買；又如在恢復原狀型問題中，現狀與原狀中間的落差，並未使個體感到十分不舒適，如家中儲藏櫃中原有 10 包餅乾，現僅有 7 包餅乾。

此外，在認定需求時，更需要考量不同個人的需求角度與觀點立場上的差異，亦即考量自己方的需求，也要學習以對方的需求來比較對照，如此方稱客觀公允。

至於常見的例子有以下數端，首先，在工作中：

(1) 在薪資福利談判時，勞方與資方的需求即明顯不同；

(2) 在執行業務時，上司方與下屬方的需求自然有差別；

(3) 在跨部門合作時，甲部門與乙部門的需求明顯不同；

(4) 在策略聯盟時，甲企業與乙企業的需求自是不同；

(5) 在獎勵投資時，政府方與企業方的需求有明顯差異；

(6) 另在家庭中也有需求不同的例子：

a. 父母方與子女方的需求更有不同世代上的差異；

b. 丈夫方與妻子方的需求更有不同性別上的差異；

c. 大哥大姊方與小弟小妹方也會有不同的需求存在。

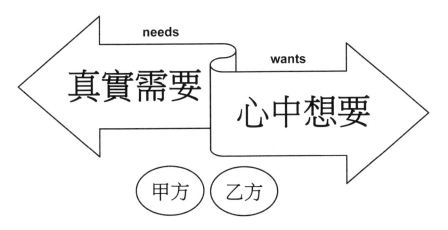

圖 5-4 認定需求：真實需要與心中想要

五、認定需求：型一回復原狀型問題與型二提高期待型問題

認定需求（need）的重點即在於找出課題領域。參酌麥肯錫企管顧問公司的觀點，可區分四種不同問題類型，逐一加以說明【5-2】：

1. 回復原狀型問題

就回復原狀型問題而言，目標在於恢復原來狀態。因此，需求分析即可細分成治標、治本與治理三大方向，來分別認定其需求：

(1) 治標：指進行問題表面的緊急處理，只求暫時性的舒緩或抑制問題，通常是僅做若干的簡單處理。

(2) 治本：指進行問題深層的根因整治，全面性的根治或解決問題，通常是做根本處置的處理。此時即是找出真正的原因，並進行對症下藥式的完整處置。

(3) 治理：指在根治問題之後，進行防止問題再度出現的預防性工程，通常是建立起新秩序（如新習慣或新制度），並進行防制問題復發的因應對策。

2. 提高期待型問題

就提高期待型問題而言，目標在於追尋理想狀態。因此，認定需求即可細分成投入、過程與產出三大層面，來分別認定其需求：

(1) 投入面：指清點資源，即全面性的盤點既有的資產，包括人員、資金、土地、機器設備與物資等，此時係做好「知己」上的準備工作。

(2) 過程面：指規劃行動，包括規劃行動期間，必要條件，學習

知識技能，實施細部計畫等，此時係做好有效運用資源的籌劃作業。

(3) 產出面：指設定期望，根據價值清單、真實需求，藉以找到期望和理想，並能隨著時間變化而適時調整，此時係做好使資源能夠達成期望的搭橋工作。

以上的種種努力，皆是在於找到合適的課題領域。

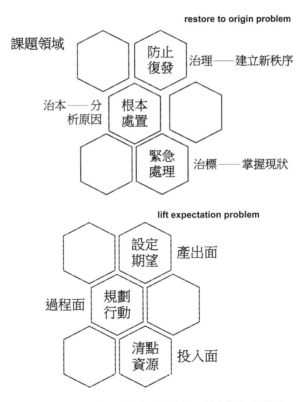

圖 5-5 認定需求：型一回復原狀型問題與型二提高期待型問題

六、認定需求：型三防微杜漸型問題與型四重新部署型問題

以下繼續說明型三與型四問題。

3. 防微杜漸型問題

就防微杜漸型問題而言，目標在於能夠及時處理潛在性問題。因此，認定需求即可細分成上策、中策與下策三大方向，來分別認定其需求，而上述的各種測試，是要界定合宜的課題焦點：

(1) 上策：指預防策略，即制定防患未然的預防功夫，做好未雨綢繆的準備工作。即由建立預警制度的角度，探究所需要努力的事項。

(2) 中策：指誘因管理，即尋找可能引發不良狀態的誘因，先行制定有效對策，期使其能消弭於無形。即由建置偵測系統的角度，探究所需要強化的事務。

(3) 下策：指因應對策，即研擬一旦發生不良狀況時，能夠做好亡羊補牢的善後工作。即由建構危機處理的角度，探究所需要落實的事項。

4. 重新部署型問題

就重新部署型問題而言，目標在於能夠綜觀全局，提出可大可久的大政方針，正確處理長期性的問題。因此，認定需求即可細分成時間向度、空間向度與人際向度三大層面，來分別認定其需求：

(1) 時間向度：指上合天時，即明瞭天下分合之勢，掌握時機趨勢，能在對的時間做對的事情。此時需要探究發展趨勢，以

期探究出長期下的應有作為。

(2) 空間向度：指下應地利，即明瞭地形山川之勢，掌握地點藍海，發揮地利之便，能在對的地點做對的事情。此時需要就特定地點，探尋其演變態勢。

(3) 人際向度：指中擁人和，即明瞭個人與團隊的啟動之勢，掌握關鍵人脈，能用對的人做對的事情。此時需要探究關係與溝通模式，與協商管理的技能。

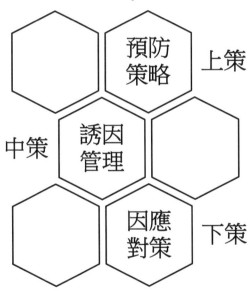

precautious beforehand problem

圖 5-6(a) 認定需求：型三防微杜漸型問題

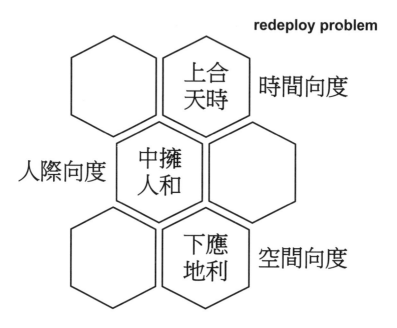

redeploy problem

上合
天時　時間向度

人際向度　中擁
人和

下應
地利　空間向度

圖 5-6(b) 認定需求：型四重新部署型問題

七、認定需求的三個內在層面

進一步言，認定需求（need）包括三個內在層面【5-3】：

1. **目標（goal）**：即需要達成的目標，此時即需要回到問題的類型，究竟是回復原狀，提高期待，防微杜漸，還是重新部署為之斷。因此，需要特別加以考量。

2. **任務（task）**：即需要探討需要從事的工作場域，此時除需要考量事務的性質外，亦需考量以對的人來完成對的事情，納入知人識人的領導智慧。

3. **挑戰（challenge）**：即需要探討需要跨越的障礙，此時重點在於累積能量，期能一舉突破現狀，超越困難，終能澈底解決問題。

因此，實務上即可分別就不同的目標（指問題類型），來探究其任務與挑戰的內涵，藉以進行完整的需求（與價值）分析，據以研擬出解決方案。

另外根據奧迪福的 ERG 理論【5-4】，人類的需求類型可細分成三項需求如下：

(1) 生存需求（existence）：指個人生存存活的基本需要，此即為馬斯洛人類需求層級理論中的生理需求與安全需求；以及赫茲柏格兩因素理論中的衛生因素。

(2) 關係需求（relation）：指個人生活的維繫人際關係的需要，此即為馬斯洛人類需求層級理論中的愛與歸屬需求，特別是指家庭成員中的愛情或關懷需求。

(3) 成長需求（growth）：指個人心靈與物質的擴展需要，此即為馬斯洛人類需求層級理論中的自我尊榮需求與自我實現需

求；以及赫茲柏格兩因素理論中的激勵因素，為最高級的人類需求。

基本上，探究問題背後的需求分析，在與當事人連結之後，必然會和人類的需求類型相串接。

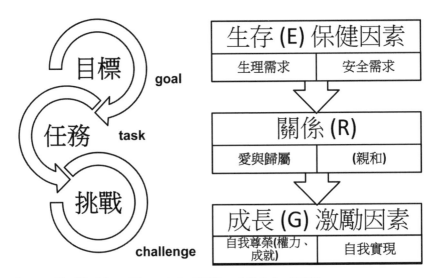

Source: Modified from Chen, et al., (2003) and Alderfer (1972)..

圖 5-7 認定需求的三個內在層面

八、需求的價值分析與四個構面

在認定需求時，我們可以進行需求的價值（value）分析，以探討需求的意涵，從而探究解決方案的方向，此時有兩種大方向需要界定【5-5】：

1. **價值生成（value creation）**：即由下而上的價值生成，即從微觀的「形勢」入手，此時的「形」指形式，「勢」則指氣勢。由下而上的價值生成較具體明確，但容易失之偏頗，產生見樹不見林的缺失。

2. **價值補捉（value capture）**：即由上而下的價值補捉，即從宏觀的「道義」入手，此時的「道」指道路，「義」則指義理。由上而下的價值補捉較直入核心，但容易僅唱高調，發生高來高去的缺憾。

此時，亦可從事需求的價值分析，探究其四個構面，依序為績效、值得信任、依附性、社會印象，說明如下：

(1) 績效（performance）：即認定此一需求與價值會表現在其卓越品質和完備功能之上。

(2) 值得信任（trustworthiness）：即認定此一需求與價值會表現出使人有信心，相信其會有所助益。

(3) 依附性（attachment）：即認定此一需求與價值會形成認同感，具有正面的情感，吸引人依從。

(4) 社會印象（social image）：即認定此一需求與價值會產生當事人所想要的屬性，指引出應當如此行的架勢。以上四者的例子為 Zara 的「低調奢華」所帶出的特定品牌價值。

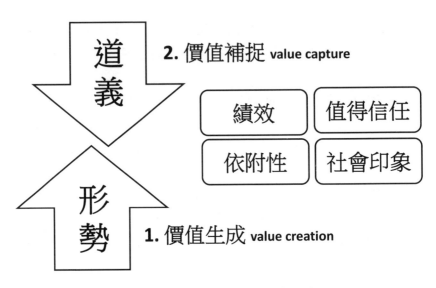

Source: Modified from Lasser, Mittal, Sharma (1995).

圖 5-8 需求的價值分析與四個構面

【三國漫步之五】孫劉聯軍抗拒曹軍

　　曹操親率百萬雄師，欲掃平江南，先大敗劉備，劉備退至江夏，繼而劍指東吳。此時諸葛孔明親赴吳營，舌戰江東群儒張昭、虞翻、陸績等人，欲組孫劉聯軍以共同破曹。

　　諸葛孔明指出孫劉必須聯合，係因為以下需求：「操軍破，必北還，則荊、吳之勢強，而鼎足之形成矣」，也就是劉孫聯軍必能破曹，曹軍一破必然北歸，則孫劉勢力必會增強，雙方的戰略能量將會彼消我長，重組均衡。

　　諸葛孔明並指出目前孫劉所面臨的問題是：「孫家在江東已歷三代，若不迎敵，即將江山拱手讓人，斷送祖宗基業。」至於劉備是「為漢室苗裔，惟一死耳，寧死不降」。

　　至於支持上述需求的論點有四：

(1)「曹操收袁紹蟻聚之兵，劫劉表烏合之眾，雖數百萬不足懼也。」

(2)「曹操之眾，遠來疲憊；近追豫州，輕騎一日夜行三百里，此所謂強弩之末，勢不能穿魯縞者也。」

(3)「北方之人，不習水戰。」曹軍多習陸戰，反而水戰是孫軍的強項。

(4)「今江東兵精糧足，且有長江之險根基深厚。」故抗曹並非全無勝算，應該全力一戰。

　　最後，諸葛孔明的結論是「孫劉聯軍定能破曹，鼎足之形成矣」，這計豈不甚妙，此係由於孔明先生業已掌握到孫權的需求之故。

註釋

〔5-1〕有關「SBIA」的分析技巧，敬請參閱：謝佳慧、林宜萱譯（民91），《麥肯錫的專業思維：透析全球頂尖顧問公司的管理》，雷索・費加著，台北市：麥格羅・希爾出版。

〔5-2〕有關由問題類型認定需求的方法，敬請參閱：鄭瞬瓏譯（民102），《麥肯錫問題分析與解決技巧》，高杉尚校著，台北市：大是文化出版。

〔5-3〕有關需求三構面，敬請參閱：Chen, Tser-yieth, Pao-long Chang, and Ching-wen Yeh (2003), "Square of Correspondence Between Career Needs and Career Development Programs for R&D Personnel," Journal of High Technology Management Research, 14(2): 189-211.

〔5-4〕有關 ERG 需求理論，敬請參閱：Alderfer, C. (1972), Existence, Relatedness and Growth, New York: The Free Press.

〔5-5〕有關需求的價值分析，敬請參閱：Lasser, W., B. Mittal, and A. Sharma (1995), "Measuring Customer-based Brand Equity," Journal of Customer Marketing, 12(4): 11-19. 以及 Pagani, M. (2013), "Digital Business Strategy and Value Creation: Framing the Dynamic Cycle of Control Points," MIS Quarterly, 37(2):617-632.

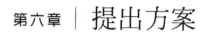

第六章 ｜ 提出方案

一、提出方案的外在 SSS 架構與內在 PPP 架構

提出方案為解決問題過程中，第一循環的終點。此時有兩個架構可供提出方案時參考之用。

1.「SSS」架構

若要探究提出方案（alternatives）的外在層面，則有所謂的「SSS」架構，即策略、結構、階段，說明如下：

- **(1) 策略（strategy）**：即方案的目標層面，指達成目標的具體方針，係指大方向的基本戰略。
- **(2) 結構（structure）**：即方案的計畫層面，指為落實策略所需的組織架構調整，為策略的具體化作為。
- **(3) 階段（stage）**：即方案的執行層面，指落實策略的具體執行步驟，藉以逐步達成所欲執行的策略。

如以品牌重定位方案為例，策略即是界定目標顧客，宣傳品牌價值；結構則是重組商品部門、企劃部門與業務部門，階段則是分成劃分、鎖定、定位的三個階段，按部就班的逐步進行。

2.「PPP」架構

至於提出方案的內在層面，即為著名的目的、人群、績效所形成的「PPP」架構，說明如下：

- **(1) 目的（purpose）**：管理方案預期產生的結果，必須要檢視（check）是否符合先前計畫（plan）所設定的目標，落實目標規劃，以形成管理上的控制迴圈。而此時應完成該迴圈

（close the loop），此為「方案」的投入面意義。

(2) 人群（people）：管理方案所產生的結果，必然要使所涉及的人們，皆滿意（satisfy）該方案的內容，從而實際品質能落實在期望品質上，帶出期望滿意的情形，此為「方案」的過程面意義。

(3) 績效（performance）：管理方案所產生的結果，必然會透過此一績效表現，衍生出影響（influence）後續發展的下一步結果，發揮結果的影響力道，此為「方案」的產出面意義。

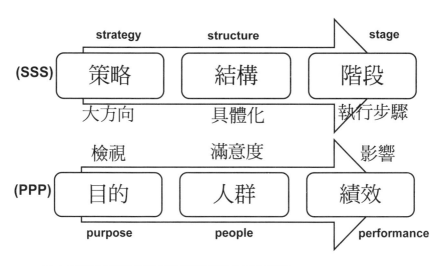

圖 6-1 提出方案的外在 SSS 架構與內在 PPP 架構

二、提出方案的基本要件

　　從認定需求到提出方案的過程，即是探究「需求」被「供給」（解決方案）滿足的情形。此時一項優良的解決方案，需具備以下三項能力：

1. **方案的問題解決能力**：方案的首要試金石，在於方案的問題解決能力（problem solving capability），即方案的有效性。此時需檢視能否恢復現狀、提高期望、防微杜漸或重新部署等。

2. **方案的制約條件**：其次需要考量方案的制約條件（constrict），即不可或缺的限制條件，意指如經刪除此則無法解決此一問題。例如，購買房屋的方案甚多，如加上預算限制，如不可高於一千萬元，則可大大縮減範圍。

3. **方案的期望條件**：第三個要考量的是方案的期望條件（expected condition），即並非絕對必要的條件，而是充分條件，但是若能具備，則能夠解決大部分的問題，滿足當事人的需求。例如，上述購屋的例子，鄰近菜市場或小學則是期望條件。

　　若由科技創新的角度，方案的提出需要考量解決能力、新奇性、精緻化與統整性三個構面，說明如下【6-1】：

1. 解決能力（solution）：即指方案的有效性，方案能否真正處理所需解決的問題。

2. 新奇性（novelty）：即指方案的新鮮度，方案能否吸引人，使人接近並有機會使用它。

3. 精緻化與統整性（elaboration and synthesis）：即指方案的完整性，方案是否巨細靡遺的描述解決問題的各項細節，以及可能會

遭遇到的各種情況，使當事人能夠有所準備。

如以品牌重定位方案為例，解決能力即是銷售量的提升與銷售目標達成；新奇性則在於全新設計，與他人有別；精緻化與統整性則是指劃分、鎖定、定位的各項實施細節，皆能詳細涵括說明之。

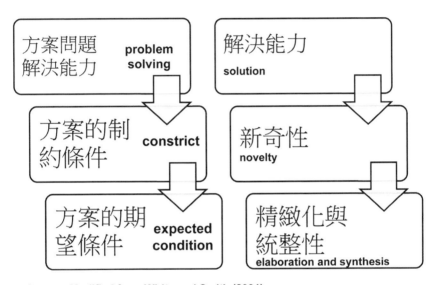

Source: Modified from White and Smith (2001).

圖 6-2 提出方案的基本要件

三、提出方案的兩大準則

要有效評估提出方案的適切性，最常用的評估準則是「自比」和「他比」兩項準則。申言之，即為自比的方案吸引力，與他比的方案相對優勢，說明如下：

1. 方案吸引力

方案吸引力（attraction）指方案內容的經濟與心理利益十分明顯，能夠吸引當事人採用該項方案。例如，具備財務價值、情感價值、社會價值、新穎價值、情境價值等方案獨特優勢。

若進一步依據期望值與期望機率的概念，可將吸引力細分成兩個子部分：

(1) 吸引能力：吸引能力（attract capability）即方案是否具備利益性，能夠吸引眾人，此包括方案可及性與新穎程度。此為期望值的部分。

(2) 成功機會：成功機會（success possibility）即方案是否具備成功的可能性，高成功機率的方案能夠吸引當事人，吸引並採用此一方案。此為期望機率的部分。

2. 方案相對優勢

方案相對優勢（merit），指方案內容具有相對競爭能力，能夠在諸多備選方案中脫穎而出，獲得青睞。例如，更快速、更優良、更新穎、更便宜等。且獲利性高、持續時間長，對手難以反制等。

同樣的，可進一步依據效益度與重要比率的概念，將方案相對優

勢細分成兩個子部分：

(1) 預期績效：預期績效（expected performance）即需要考量方案的預期績效，勝過其他方案，方具關鍵性能入選。此為方案的效益度部分。

(2) 重要程度：重要程度（importance degree）即考量與組織或個人的目標高度相關聯，方具關鍵性能入選。此為方案的重要比率部分。

在實務考量上，通常係由方案吸引力和方案相對優勢兩個面向，來評估提出方案的適合度。

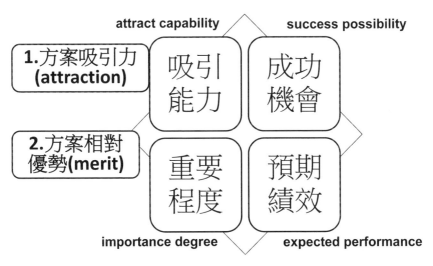

圖 6-3 提出方案的兩大準則

四、提出方案需考量可行性

再者，所提出的方案，皆需通過可行性評估的測試，包括技術可行、市場可行、財務可行三者【6-2】：

1. **技術可行**：即需要在技術上能夠生產製造出來。其包括技術能力水平、設備操作能力、原料取得能力、產品獨特屬性、服務的必要性、企業高階支持、智慧財產權、專利法律地位等項目。

2. **市場可行**：即需要在市場上能夠行銷販賣出去。其包括市場規模大小、市場成長空間、產品生命週期、市場競爭優勢、國際市場趨勢、市場配銷通路等項目。

3. **財務可行**：即需要在財務上能夠運作流暢無礙。其包括方案執行成本、邊際利潤貢獻、資金調度能力、成本效益益本率、投資報酬比率、現金流量水平、邊際財務能力、資金還本期間等項目。

此外，提出方案的可行性評估，亦需考量資源面、市場面、策略面、配套面的各項因素，作總體考量：

(1) 資源面：係指企業具有技術能力，以及生產成本具有相對競爭性等情形。

(2) 市場面：係指市場規模夠大足以支撐，發現具有明顯的未滿足需求，具有大量的潛在購買者，以及市場的未來收益性高等情形。

(3) 策略面：具有市場區隔利基存在，以及與主要競爭對手的產品具有明顯差異性等情形。

(4) 配套面：具有配套能夠及早達成損益平衡，具備高淨值報酬率，以及配套足堪使用能夠達成銷售目標等情形。

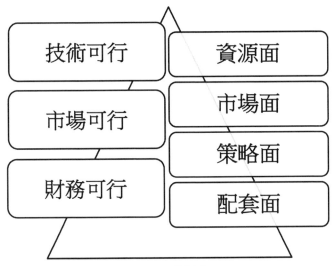

Source: Modified from Souder (1987).

圖 6-4 提出方案需考量可行性

五、提出方案需具備創新性

提出方案需具備創新性，做法有以下三項：

1. 想像創新

想像創新（imaginative innovation）即運用豐富的想像力，從不同角度想像新方案的樣式。包括水平聯想創新、形狀聯想創新、向外幅射創新。例如，透過手機的電子助理 App，將手機轉換成電子錢包，即為水平聯想；將筆電拆成平板加鍵盤，成為變形金剛，即為形狀聯想。將原住民插圖藝術，融入文創商品如抱枕、餅乾、書籤、座墊等，即為向外幅射聯想。

2. 逆向創新

逆向創新（reversed innovation）即運用反向思維的精神，從事物的另一層面，想像新方案的樣式。包括倒轉逆向創新、轉置逆向創新、缺點運用創新。例如，崁燈為明顯的倒轉逆向創新；手機由撥打鍵盤改為手指觸控即為轉置逆向創新；公館寶藏巖古蹟改成國際藝術村，以及高雄駁二藝術特區皆為缺點運用創新。

3. 組合創新

組合創新（combination innovation）即運用物件組合的原理，將兩件或以上的物品整合成新的方案。包括同式或異式組合創新、重組組合創新、附加組合創新。例如，洗髮、潤髮、護髮三效合一洗髮精、三合一咖啡包，以及美善品多功能料理機，皆為同式組合；免治

馬桶是馬桶加上發熱電線、自拍神器是相機加上長棍，以及韓國銅盤烤肉，皆為異式組合；沙發床由沙發與床鋪組合成，以及床組傢俱由床鋪、書桌、衣櫃組合成，以上皆是重組組合；智慧型手機加入衛星導航（GPS）應用軟體（application software, App）、台北等公車App、即時新聞 App 等，即為常見的主體附加組合。

想像創新
imaginative innovation
- 水平聯想創新
- 形狀聯想創新
- 向外幅射創新

組合創新
combination innovation
- 同式或異式組合創新
- 重組組合創新
- 附加組合創新

逆向創新
reversed innovation
- 倒轉逆向創新
- 轉置逆向創新
- 缺點運用創新

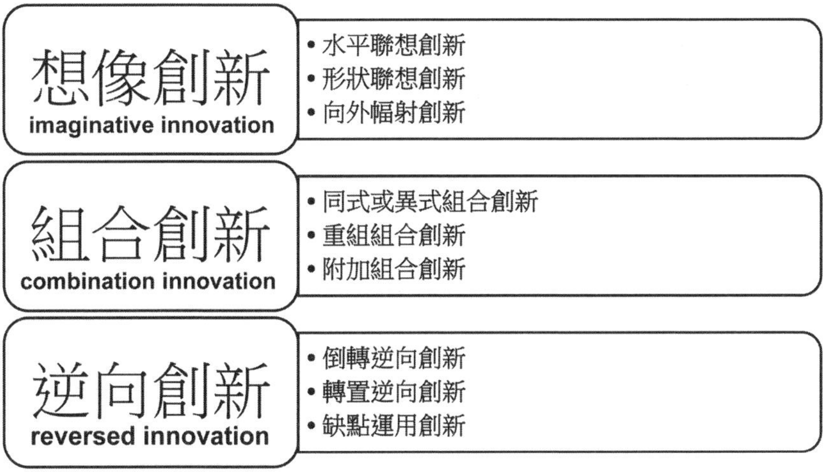

圖 6-5 提出方案需具備創新性

六、提出方案的線索與實用性分析

最後，研擬方案的線索特徵亦需一併納入考量，共包括以下四者：

1. 線索（cues）：線索是指外在生發出來的若干跡象或暗示。較不明顯者為線索。
2. 信號（signs）：信號是指某種符號，被用來指引他人，充作當事人的思想表達媒介。較明顯者為信號。
3. 規範（norms）：規範是指某種限制條件，能使對方表現出應該表現的「正確」行動。
4. 誘因（incentives）：誘因是提供某種物質或優惠，以促成、刺激某特定人，從事某種行動，或給予行動的動機。

至於產品或服務的線索與信號例子如，產品的外在標籤、價格、廣告費用、授權、品牌聲譽、企業聲譽、優惠券、退款保證、上架費等。

此外，提出方案（alternatives）的實用性分析，則包括以下三個層面【6-3】：

(1) 方案有用性（useful）：指方案的解決問題的能力十分顯著，功效卓著，用途功效十分明顯，亦即具備方案的成本效益性。

(2) 方案易用性（easy）：指方案的操作與執行上十分容易，無庸大量學習，人人皆可上手，或可快速學會，即具備方案的容易接近性。

(3) 方案有趣性（interesting）：指方案的內容新穎、編排特異，

十分有意思，具備快速吸引人的外觀，或令人不禁發笑，即
具備方案的外觀吸引力。

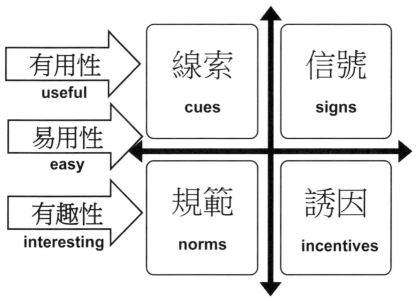

Source: Modified from Venkatesh and Davis (2000).

圖 6-6 提出方案的線索與實用性分析

七、提出方案的背後信念

事實上，提出方案通常代表提出人背後的個人信念。信念
（belief）是個人基本價值體系的外顯。信念內涵包括三個層面，即自
我觀點、生活觀點、世界觀點，說明如下：

1. 自我觀點

自我觀點（ego viewpoint）指個人對自我的看法，和對於自我生
活方式的期待，包括對自我意義的認知。自我觀點乃是個人內在意志
的彰顯，而意志會使個人的生活具備意義，此係個人的內心如何思
量，其為人就會這樣。個人需要由自己個性中看出自我的能力，看出
自我的獨特性，認同自我的價值。因此，解決方案背後所代表的是提
出人的自我形象，它是自我認同和自我安全感的起始點。例如，相信
只要活下去，就有希望。相信生不帶來，死不帶去、有衣有食，就當
知足。相信生命擁有勇氣、鬥志，積極面對挑戰，開創生涯等。

2. 生活觀點

生活觀點（life viewpoint）是個人對於四周人士的看法，和對於
周圍他人生活的影響控制能力。生活觀點是個人內在控制的彰顯。控
制影響會使個人有能力尋找出生活的意義和使命目標。在生命觀點
上，個人需要由自己生活經歷中看出自我的影響力，看出自我的收
穫，認同自我的生活圈。因此，解決方案背後所代表的是提出人的生
命觀點，它是生活經歷和影響他人的起始點。

3. 世界觀點

世界觀點（global viewpoint）是個人對全世界運作的看法，和對此世界存在性的認知。世界觀點是個人內在虛實的彰顯。存在虛實會使個人想到生命本質時，藉以尋找到活下去的原因。在世界觀點上，個人需要由自我所處的世界，看出自我的定位，看出自我的限制，認識自我的能耐。因此，解決方案背後所代表的是提出人的世界觀點，它是探索生命和生命意義的起始點。

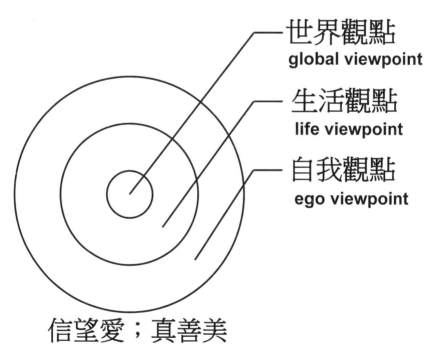

世界觀點
global viewpoint

生活觀點
life viewpoint

自我觀點
ego viewpoint

信望愛；真善美

圖 6-7 提出方案的背後信念

【三國漫步之六】隆中策

　　諸葛孔明對劉備提出著名的「隆中策」，爲方案研擬的絕佳典範。其斷定天下勢將三分。在三分天下局勢中，諸葛孔明建請劉備的「隆中策」方案如下：

1. 北讓曹操以得天時：係基於曹操挾持天子號令諸侯的氣勢，早已維持長久年日，其鷹爪密布北方，氣勢銳不可當。加上平定呂布、公孫瓚、袁紹，一統北方，故應當將北方的中原地塊全部讓給曹操。

2. 東拒孫權以得地利：係基於孫權占有長江的軍事天險水軍強盛，並且孫氏雄據江東地塊已歷經三代（即孫策、孫堅、孫權），根基深厚而很難撼動孫家勢力，故應當將東方的江東地區讓給孫權。

3. 君上可得人和：建請劉備直接占領肥沃的四川西蜀漢中地區。係基於劉備素來禮賢下士、善待庶民百姓而且軍令嚴明，深受軍民百姓的歡迎，加上西川劉璋資質平，民眾望治，故應當向西方取得西蜀漢中之地。

　　「隆中策」爲之膾炙人口的絕妙對策，係由於諸葛孔明能夠洞察時勢，界定問題與認定需求後，所提出的解決方案。

註釋

〔6-1〕有關方案評估的三構面，敬請參閱：White, A. and Smith, B.L. (2001), "Assessing Advertising Creativity Using the Creative Product Semantic Scale," Journal of Advertising Research, Nov/Dec, 41(6): 27-34.

〔6-2〕有關方案的可行性評估，敬請參閱：Souder, W.E. (1987), Managing New Product Innovation, Lexington, MA: D.C. Health and Company.

〔6-3〕有關方案的實用性分析，敬請參閱：Venkatesh, V. and F.D. Davis (2000), "A Theoretical Extension of the Technology Acceptance Model: Four Longitudinal Field Studies," Management Sciences, 46(2):186-204.

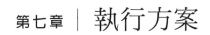

第七章 │ 執行方案

一、執行方案的 IPO 架構

執行方案為解決問題過程中，第二循環的起點。此時執行（execute）方案係指方案的實施，其包括三個部分，即所謂的「I-P-O」架構，以下進一步就執行方案的 IPO 各層面，加以說明如下：

1. 投入

投入（input）即當事人投入相關人力、物力等資源，準備從事生產製造或服務銷售之活動，預備好開始執行此方案。就時間軸言，係屬於事前的部分。

在投入層面，主要是相關承諾資源（人員、資金、設備、土地、原料、物料等）是否到位，是否有完整的方案執行計畫書，計畫執行期程是否明確，是否對相關對象清楚說明並建立起執行共識等。

2. 過程

過程（process）即當事人在生產製造或服務銷售活動的當時，接收資訊做好相關決策，以確保產銷活動的順利進行。就時間軸言，係屬於事中的部分。

在過程層面，主要是各個不同單位是否能夠同步推動此方案，高階主管是否全力支持，方案領導者是否願意承擔責任，方案執行時的支援系統與各項配套措施是否完備，具備危機處理機制，以及抗拒勢力的反彈是否及時弭平等。

3. 產出

產出（output）即當事人從事產銷活動後，所獲得的產銷相關成果，此時即已將此方案執行完畢。就時間軸言，係屬於事後的部分。

在產出層面，主要是整體方案目標是否達成，各項關鍵績效指標是否達成，是否具備目標未能達成時的因應調整機制等。

基本上，執行方案即有如策略執行般，期盼能達到策略規劃的初衷，此為本階段的終極驗證指標。

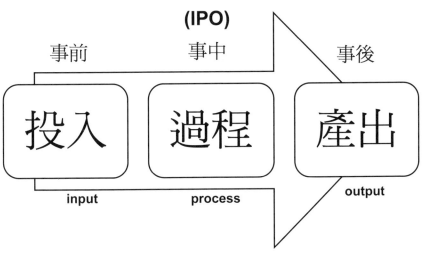

圖 7-1 執行方案的 IPO 架構

二、執行方案的核心流程

至於執行方案係包括三個核心流程，即策略流程、人員流程、作業流程【7-1】，說明如下：

1. 策略流程

策略流程（strategy process）係界定組織期望進行的方向，其區分成策略層次，即為組織策略、管理策略或作業策略。再制定策略計畫，即檢討策略執行時的各階段目標和關鍵性課題。最後再施以策略評估，檢視執行策略的能力，以及策略流程與人員流程、操作流程的銜接情形。

在執行策略流程時，需要留意與人員流程、作業流程相互銜接。在銜接人員流程方面，即需檢視是否有足夠的人力來完成此一策略流程，以及要如何羅致合宜的人才。在銜接作業流程方面，即需將策略計畫的各項細目和作業計畫相銜接，探究各個部門在執行方案時，如何能同步邁向既定目標。在此時，如何有效執行方案才是重點。

2. 人員流程

人員流程（personnel process）係界定哪些人應該參與其中，即找出方案執行時的關鍵職務，安置最合適的人。並將各式人才，放在執行方案時的特定位置上，務使人盡其才。

在執行人員流程時，需要留意與策略流程、作業流程相互銜接。即需藉由檢視組織領導人員的質與量，能配合組織的短中長期的策略目標，進而建構完整的領導人才儲訓管道。

3. 作業流程

作業流程（operation process）係爲參與的人指明操作路徑，即編列相關預算，制定作業計畫，持續追蹤，並處理各部門執行時的隱含假設。最後，作業流程的最佳實務是使各部門齊心邁向計畫目標，完成方案執行。

在執行作業流程時，需要留意與策略流程、人員流程相互銜接。即需設定目標，做出決斷，瞭解員工，藉以檢視策略計畫能通暢的轉換到作業計畫中，同時指導員工合宜的執行此項事務。

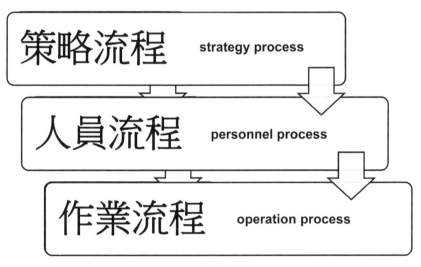

Source: Modified from Bossidy & Charan (2002).

圖 7-2 執行方案的核心流程

三、執行力的內涵與考驗要件

若要檢視執行方案的成效高低，則需採用執行力的指標（implementation），其內涵有三者【7-2】：

1. **達成目標（goal achievement）**：執行力的檢視標準，首在於需達成目標，若目標未能達成，則沒有所謂的執行力可言。達成目標即意味著問題業已獲得解決。

2. **克服抗拒（overcome resistance）**：執行力的第二項檢視標準，即為克服反對。因為在達成目標的過程中，必然會有反對抗拒者，此時即需克服抗拒，努力達成目標。克服抗拒亦表示問題障礙業已清除。

3. **組織承諾（organizational commitment）**：執行力的第三項檢視標準，即為組織承諾。因為在達成目標後，或尚未達成目標前，皆必須持續堅持起初的承諾，即恪守組織承諾，此亦為執行力的終極測試。

至於論及執行力的考驗條件，則有建立執行共識、投入具體資源、提升執行能力三者，說明如下：

1. 建立執行共識：執行力能否貫徹，首在於方案執行共識的建立。此時當事人能夠消弭各種偏見、主義或傳言，以及獲得高階管理者的支持，厥為關鍵。

2. 投入具體資源：執行力能否貫徹，需要檢視各項資源是否到位。蓋方案執行必然涉及各項資源的投注，此時的行動計畫需要羅列清楚的金額、人員、物資，以及對應的日期、時間與地點，以確保方案業已落實執行，並無任何陽奉陰違的詭詐情事。

3. 提升執行能力：在執行上更需要考量執行人的執行能力高低，此時即需要考量更換執行人員，增加輔佐人員，或組成更堅強的工作團隊等配套措施。

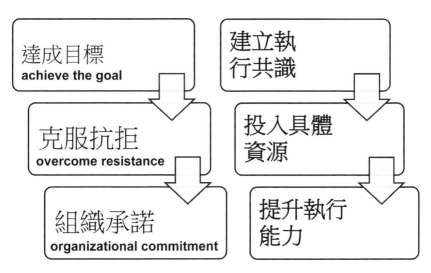

Source: Modified from Rune Lines (2007).

圖 7-3 執行力的內涵與考驗要件

四、執行力的實際效驗

執行力的實際效驗有三者，即領導、授權、文化變革，此三者是完成方案的關鍵基礎【7-3】：

1. 領導

執行方案的首要關鍵是領導（leadership），領導者堅定的執行方案，不妥協也不打折扣。領導也包括帶領團隊，以高效率高士氣的方式執行此一方案。

在領導以執行方案時，需要具備下列四項重要行為：

(1) 實事求是：首先是要實事求是，務實的面對組織的問題。

(2) 瞭解自己：然後是瞭解你自己、你的組織和參與的員工，知道他們的能力上的優點與品德上的缺點。

(3) 設定目標：第三是設定明確的目標和執行上的優先次序，使參與的員工有所依循。此時可透過目標管理來落實。

(4) 持續追蹤：第四是持續追蹤、論功行賞、賞罰分明，並適時傳授個人經驗以提升參與員工的能力。

2. 授權

執行方案的另一關鍵是授權（authorize），領導者透過知人善任，指派合適的人來執行該項方案。在授權以執行方案時，需要具備下列兩項重要行為：

(1) 人盡其才：首先絕對需要擺脫領導人的個人好惡，使人盡其才，人才得以適才適所，同時也需要培養個人擔當。

(2) 連結內外：再者，授權也包括整合和連結組織內外的各種力量，透過合縱（策略聯盟）連橫（購併和委外）的執行此一方案。

3. 文化

執行方案的終極關鍵是文化（culture），領導者透過組織變革，改變文化的力度和向度，使方案得以融入組織活動中，得以妥善執行。在運用文化力量以執行方案時，需要具備下列兩項重要行為：

(1) 個人信念：首先，領導者需要從個人信念和個人行為入手，對員工展開強而有力的對話，透過上行下效，來逐步改變組織文化。

(2) 組織發展：再者，文化運用也包括組織發展，透過各項經營活動，使組織成員動起來，合力完成此一方案。

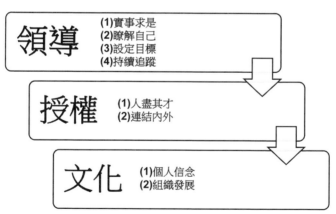

Source: Modified from Bossidy & Charan (2002).

圖 7-4 執行力的實際效驗

五、執行方案的效率與效能

執行方案時需要考量執行的效率與效能，此二者共同構成方案執行的效益，建立基本模型【7-4】，茲說明如下：

1. 效率（efficiency）

效率是指資源運用效率，即透過最少的資源投入，完成最多的方案產出。效率是產出除以投入之後的數值，因此，效率就是指「把事情做對（do the things right）」。

至於效率的例證，例如，某甲以八小時做出 24 個產品，其效率值為 3.0（＝24/8）；某乙以十小時（加班兩小時）做出 27 個產品，其效率值為 2.7（＝27/10）；某丙以十二小時（加班四小時）做出 30 個產品，其效率值為 2.5（＝30/12）。因此，在甲、乙、丙三人中，甲的效率值（3.0）最高，應該給予獎賞。

在此一情況下，生產力（productivity）一詞即指產出除以投入，等同於效率，故生產力與效率可以混用。

2. 效能（effectiveness）

效能是指目標達成效能，即完成的方案，能夠切合方案設定的目標。效能就是「做對的事情（do the right things）」。此時需注意方案的目標制定是由上而下強制規定員工遵守，或是透過上下協商後的目標管理，使員工樂於遵守，兩者對員工士氣有極大差別。

至於效能的例證，例如，同上例，某甲做出 24 個產品，某乙做出 27 個產品，某丙做出 30 個產品，若該單位的方案目標是設定為每

人需要完成 24 個產品，則甲、乙、丙三人皆達成目標，具有效能。
若目標改成每人需要完成 28 個產品，則只有丙（30>28）達成目標，
具有效能，應該給予獎賞。

在此一情況下，績效（performance）一詞即指產出表現，爲產出
或業績的同義詞，其與效能並不相同。

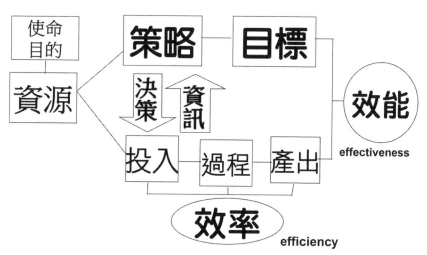

Source: Modified from Miles and Snow (2001).

圖 7-5 執行方案的效率與效能

六、執行數個方案的刺激效果

最後，若是分析執行數個方案（茲以 A1、A2、A3 的三個方案爲例）下，探究方案的刺激影響效果（茲以 B1、B2 的兩個認知爲例），則需要討論以下六個要點：

1. A1 到 B1 是最爲重要的關係：首先，最重要的是需要界定出最具因果關係的路徑，此時假設爲由 A1 到 B1，如此便合乎 80/20 法則【7-5】。

2. 是 A1，而非 A2，對 B1 更具有影響力：再者，需要更進一步說明，在諸項備選方案中，何以是 A1，而非 A2，或 A3，對 B1（或 B2）更具有影響力。即不惟由統計上的（迴歸係數）證明，亦須由邏輯上獲得證明。

3. A1、A2、A3 皆是優良的方案：三者，需要說明所列舉的三項方案，皆是合宜的方案，而非濫竽充數者。如此一來便能對方案的選用，提高其說服力。

4. A1 和 A2/A3 具有互動性影響：四者，需要進一步考量 A1 和 A2/A3 方案間，是否存在其因果關係，藉以更精緻的說明各方案間的角色定位。

5. A1，而非 D1，能夠影響到 B1：第五，我們可進一步討論此三項方案以外的可能性，說明是 A1，而非 D1 方案，能夠影響到 B1（或 B2），此時雖無需由統計上的（迴歸係數）來證明，但需要藉由邏輯上來舉證。

6. 這方面的探討十分少見（指 A 與 B/C 的因果關係）：最後，我們可以蒐集這方面的文獻，藉以證明本研究的此一模型，這方面的

探究十分少見，來提升本研究的貢獻。

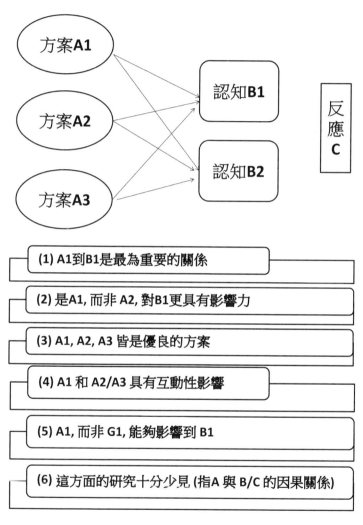

圖 7-6 執行數個方案的刺激效果

【三國漫步之七】赤壁之戰

　　正當曹操統帥百萬大軍南下江南之際，諸葛孔明提議孫劉聯軍以抗拒曹操，此為著名的孔明舌戰江東群儒。因此遂有後來的「孫劉結盟方案」，孔明和周瑜的軍事策略聯盟，大敗曹操於赤壁，史稱赤壁之戰。

　　孔明和周瑜聯軍，能夠在赤壁戰役中，打敗曹操百萬雄師，關鍵在於澈底「執行」方案，茲分成科技面、創新面與管理面，三方面說明如下：

1. 「科技面」執行方案：諸葛孔明先生「借東風」，透過自然天候的科技預測作業，事先精準預知在冬季末期的某個早春時分，長江會吹起東南風，東風為必要的「制約條件」。

    故在巧妙計算下，藉由奇門遁甲法，運用八門遁甲天書之術，即《周易》八卦、洛書九宮，和六十甲子等天文學和歷法知識，將時間、空間和人氣結合，預測並選擇最有利的時間和方位，藉以預測天候。於是諸葛孔明在東漢獻帝建安十三年冬天的十一月二十日子時祭風，直到二十二日寅時風止息，共「借」得三天的東南風，得以助燃火勢。

2. 「創新面」執行方案：使用「火攻」的創意軍事攻防，火攻即為問題解決之法。於是藉由先鋒將軍黃蓋，以苦肉計詐降，駕駛運糧二十艘火船船隊，直接衝入曹軍，放火點燃船隻大敗曹軍，得以執行創新攻勢。

3. 「管理面」執行方案：鳳雛先生（龐統）執行向曹操軍的連環船計策，即將曹軍的船隻都用鐵鍊綁在一塊，理由是可以減少船隻顛簸，使人在船上行走有如地面；然而殊不知船隻一旦遇火焚燒，將無法切割船隻，在風助火勢下會將船隊全部燃燒殆盡。連環船即為擴大戰果的「期望（充分）條件」。

註釋

〔7-1〕有關執行方案的三個核心流程,敬請參閱:Bossidy, L. and R. Charan (2003), Execution: The Discipline of Getting Things Done, NY: Commonweath Publishing.

〔7-2〕有關執行力的三構面,敬請參閱:Rune Lines (2007), "Using Power to Install Strategy: The Relationships between Expert Power, Position Power, Influence Tactics and Implementation Success," Journal of Change Management, June, 7(2): 143–170.

〔7-3〕有關執行方案的效驗,同 7-1 之註。

〔7-4〕有關執行方案的效率與效能,敬請參閱:Miles, R.E. and C.C. Snow (2001), Organization Strategy, Structure and Process, N.Y.: McGraw-Hall.

〔7-5〕有關黃金管理 80/20 法則。出自 1897 年義大利經濟學者柏巴瑞圖(Pareto),他發現 80/20 法則(Pareto Principle),指花費百分之二十的努力,可以獲得百分之八十的產出。

第八章 ｜ 認知刺激

一、刺激──反應分析

面對各種方案的執行，就有如個人在面對某項刺激（stimulus）後，會生產反應（response）一樣，即成刺激 ── 反應（stimulus-response）分析。而此時所稱的「方案刺激──行為反應」，係指針對他方而言。因此，欲培養解決問題的能力，即需以「同理心」為出發點，感同身受到執行某方案後，對他人產生的行為反應，此即為本章的中心旨趣。

而這時所謂的「反應」，包括認知、態度、行為三個子要素，即認知心理學上著名的 CAB 模式，說明如下：

1. 認知

認知（cognition）即個體在接觸方案後，在腦海中所留下的資訊加工活動，即指透過形成感覺、知覺、記憶、想像、思維等認知活動，來取得知識並認識世界的歷程，其代表按照特定關係所組成的特定功能體系，進而對個人的認知活動進行具有調節作用的活動。例如，知覺高品質、知覺低風險、知覺高價格、知覺親切服務等。

2. 態度

態度（attitude）即個人認知某一印象後，在心理上所建立的偏好評價與心理傾向，而形成一持續而穩定的形式。即個人對於環境中的某一特定對象或方案的看法，是喜好或是厭惡，是親近或是疏遠的特殊反應傾向。例如，滿意、信任、給予承諾等。

而態度的心理結構包括認知、情感和意向三個因素：

(1) 認知因素：指個人對態度對象的評價意義敘述。包括個人表現的認識、瞭解、相信、懷疑、贊同或反對等。

(2) 情感因素：指個人對態度對象的情感體驗。例如喜愛或厭惡，憐憫或冷淡，尊重或輕視等。

(3) 意向因素：指個人對態度對象的反應傾向或行為前預備狀態，即個人預備對態度對象做出某種反應。

3. 行為

行為（behavior）即個體根據所建立的態度取向，因而做出的具體外顯行動稱之。例如，各種（購買）行為、戀愛追求行為、準時上班、努力工作行為等。

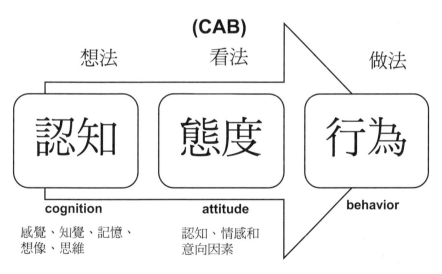

圖 8-1 刺激——反應分析

二、認知的基本概念

認知的基本概念包括過程、風格、策略三者：

1. 過程

認知過程（process）指個人認知活動的資訊加工程序。包括編碼、儲存、提取和使用四個歷程，說明如下：

(1) 編碼（encoding）：指將某種形式的資訊，轉換成另種資訊形式，方便日後的儲存、提取和使用。例如知覺、思維、想像、瞭解活動。

(2) 儲存（storage）：即指資訊保存在大腦中的情形。例如記憶活動。

(3) 提取（withdrawal）：即是根據某種的線索，由記憶中找到所需用的資訊，並且將之取出。例如回想活動。

(4) 使用（usage）：即是利用所提取的資訊，對新資訊進行認知加工的活動。例如思維活動。

2. 風格

認知風格（style）又名認知方式，是某個人業已習慣性的資訊加工方式，並且會因人而異。準此，認知風格為個人在長期中的方案認知活動，逐漸形成的某種持續性的心理傾向，進而表現在對某特定資訊（如方案）加工方式的偏好。惟此時個人通常不會意識到自己具有此一種偏好。

3. 策略

　　認知策略（strategy）是一項導引認知活動的方案或技能。基於人腦的資訊加工能力有其限制，無法在同一時間內，進行多種形式的運作。此時為求有效率的處理大量資訊，個人必須依照某種認知策略，在某一時段中，選擇操作特定的資訊，並組織整體認知操作的程序。

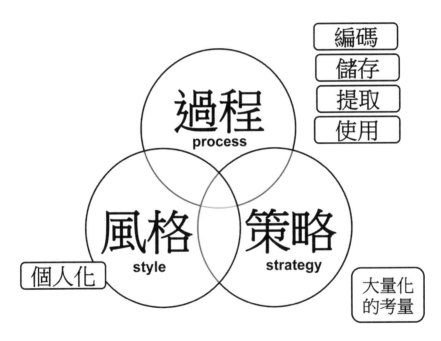

圖 8-2 認知的基本概念

三、認知的兩大方向

認知具有兩大方向，即分類和聚焦，說明如下：

1. **分類（categorization）**：個人認知事物時，大都先依據若干簡易法則將其分類。例如，個人看見他人時，會先依據性別將此人歸為男性或女性；也會依據年齡的大小把此人歸為年青人或年長人；也可能會依據先前交往的經驗將此人歸為新客人或熟客人。

2. **聚焦（focus）**：個人將注意力集中在某件主題上，忽略背景的成分。例如，個人看到某風景時，能夠分辨出何為主題、何為背景。通常色彩鮮明、稀有獨特、位於近處及正在移動的刺激物是主題，至於色彩灰黑、形體相似、位於遠處及靜止不動的刺激物則是背景。又如，一間髒亂的店鋪位於一排整齊的街道當中，我們十分容易會將注意力集中在這家髒亂的店鋪上。以上兩項原則適用在對於人物、方案和情境的認知。

基於分類和聚焦機制的運作，個人會依循某種方式對於事物加以組織化，從而強化此一情形。

例如，某人在公園中見到一男一女兩個人走在一起，這時容易將他們看做是一對情侶，相反的，要將焦點落在當中某個人身上，並將這兩個人視為兩個單一個人是非常困難的。另外，如果有一群人在球場打棒球，要將注意力平均分配至這九個人幾乎是不可能，事實上是我們總是注意到那些比較特殊的人。

基於上述分類和聚焦機制的考量，我們在說明或執行方案時，需要先行明確指明該方案的歸屬，以利於閱聽者迅速進行主題分類；同時也需要點出方案的亮點，以利於閱聽者快速吸引聚焦，俾有利於進

行個人認知程序，以生成適當的反應。

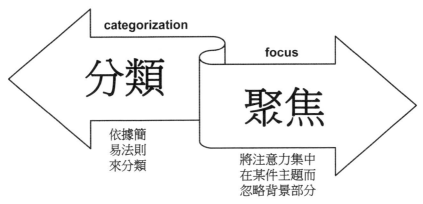

圖 8-3 認知的兩大方向

四、認知的空間軸與時間軸

1. 認知的空間軸

若由認知的空間軸而論，基本上包括個體的知覺品質與知覺風險兩者【8-1】，說明如下：

(1) 知覺品質（perceived quality）：知覺品質即指知覺獲得而言，為個體「取得」的利益或獲得的好處。包括產品（製造）品質上的績效、特色（功能）、可靠性、一致性（指規格符合需求）、持久性（即耐用性）、服務能力、美學性、知覺價值（如品牌與商譽）等八個子項目。另在服務品質上，則包括有形性、可靠性、反應性、保證性、關懷性等五項構面內涵。

(2) 知覺風險（perceived risk）：知覺風險即指知覺犧牲，為個體必須「給出」的代價、付出的損害或面對的危險。包括物質面的物理風險、功能風險、財務風險；以及精神面的心理風險、社會風險、時間風險等。

2. 認知的時間軸

若由認知的時間軸而論，基本上包括期望品質與實際品質兩者【8-2】，說明如下：

(1) 期望品質（expected quality）：即個體預先期待的方案品質，代表「事前」的層面，為個體需求中「心想事成」的「心想」部分。其係受到個人需要、過去經驗、對方（廣告或銷售人員）承諾等因素所影響。例如，期望獲得高品質的服務、期

望快速得到滿足等。

(2) 實際品質（actual quality）：即個體實際上知覺到的方案品質，代表「事後」的層面，為個體需求中「心想事成」的「事成」部分。其包括製造品質與服務品質兩方面，一如前述的知覺品質。例如，知覺服務親切、知覺物超所值、知覺功能齊全、知覺豪華氣派等。

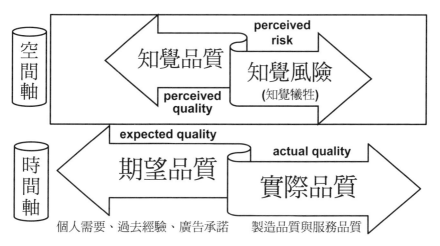

Source: Modified from Parasuraman et al. (1988, 1985).

圖 8-4 認知的空間軸與時間軸

五、認知的學習軸與公平軸

1. 認知的學習軸

若由認知的學習軸而論，基本上包括學習能力和學習意願兩者【8-3】，說明如下：

(1) 學習能力（learning capability）：強調「學習者學習到什麼？」包括學習認知與學習技能兩個面向：

　a. 學習認知：強調「學習者學會知道些什麼？」重點在有能力學習到某一門學科的知識。

　b. 學習技能：強調「學習者學會做些什麼？」重點在有能力學習到某一種技術的技巧。

(2) 學習意願（learning willingness）：強調「學習者願意學習嗎？」主要是指學習情意的面向：

　a. 學習情意：強調「學習者願意做些什麼？」重點在有意願學習某一學科或技術，特別是愉悅的感覺。

2. 認知的公平軸

若由認知的公平軸而論，基本上包括立場公正和認知公平兩者【8-4】，說明如下：

(1) 立場公正（standpoint justice）：即當事人所抱持的觀點、角度和立場皆十分公正，不會偏向任何一方，是為倫理軸的理念層面。例如，法官公正判案，不偏袒勞方或資方。父母親公平處理，不偏袒大兒子或小兒子。家事糾紛調解庭的協

商，不偏袒丈夫方或妻子方。

(2) 認知公平（perceived justice）：即知覺到公平不偏袒任何一方的感受。其包括經濟物質上的分配公平（例如，所有金錢上的損失皆獲得補償）、行政過程上的程序公平（例如，不浪費對方寶貴時間，不互相踢皮球）、情感交流上的互動公平（例如，真心道歉並給對方面子和下台階）三方面，是為倫理軸的落實層面。

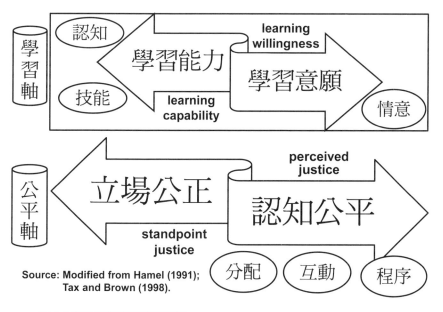

Source: Modified from Hamel (1991);
Tax and Brown (1998).

圖 8-5 認知的學習軸與公平軸

六、態度的雙重指標

　　除認知之外，若進一步由態度（attitude）的空間軸構面而論，基本上態度包括知覺滿意與知覺價值的兩大指標 [8-5]，個體當具備此兩項態度時，即會形成下一步的正向行為：

1. **知覺滿意（perceived satisfaction）**：指個體對現狀感到愉悅且滿足，即滿意度。知覺滿意為期望品質與實際品質的「確認或賓果（confirm）」情形，即口語上所謂的「心想事成」，是為滿意。例如，某人和心儀對象結為連理十分滿意，孩子到夢寐以求的樂園遊玩超開心等。

2. **知覺價值（perceived value）**：即個體對現狀感到有價值或值得擁有，即很划算。知覺價值為知覺品質高於知覺犧牲的正數情形，即口語上所謂的「俗擱大碗」是為划算。例如，某人覺得此次旅遊物美價廉真是划算，又某人覺得這台房車物超所值而值得擁有。

　　此外，若由態度中最主要的認同（identification or identity），就其內涵軸而論，基本上包括成功敏感性、榮耀連結和主動呈現三者 [8-6]，說明如下：

(1) 榮耀連結（honor connection）：指個體面對此一方案或物品，感受到擁有或使用後的頭頂光圈與高光榮感。例如，高雅尊貴身分、成為國際代言、走在流行前線、鍾愛家園和友愛地球等。

(2) 成功敏感性（success sensitivity）：指個體面對此一方案或物品，得以和某些成功事務與事蹟做緊密連結。例如，全球科

技先驅、卓越品質認證、成功人士最愛、幸福美滿生活的記號等。

(3) 主動呈現（active presentation）：指個體積極主動表現出該方案或物品的相關實體資訊。例如，屬性與功能、品質與價值、用途與類別、來源國與使用者等。

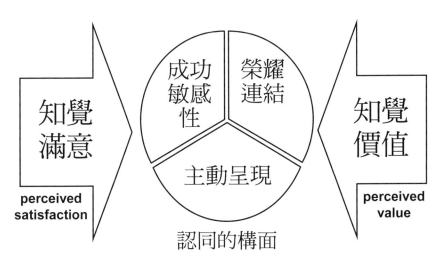

Source: Modified from Zeithaml (1988); Tildesley and Coote (2009).

圖 8-6 態度的雙重指標

七、態度的三個層面

更進一步，正面態度有三個層面，即順從、認同和內化，代表逐步接受對方的程度光譜【8-7】：

1. **順從（compliance）**：指表面上的服從，通常發生對一方展現威權，另方表現「嚇阻信任」的情況，為最初階的正面態度。例如，職場上常見的做表面工夫，甚至是表現出「上有政策、下有對策」的情形。

2. **認同（identification）**：指同意對方的意見，通常發生對一方理性溝通，另方表現認「了解信任」的情況，為中階的正面態度。例如，管理者在執行新方案前，多方進行雙向溝通，使下屬充分了解其緣由。

3. **內化（internalization）**：指承諾對方的意見，通常發生對一方訴諸理念或內心感受，另方表現「同理信任」的情況，為最高階的正面態度。例如，管理者進行目標管理，與下屬共同商訂季目標與年目標。

最後論及態度的品質水平，在人際關係發展、顧客關係管理或品牌關係發展層面上，態度的品質水平即包括關係滿意、關係信任與關係承諾三者【8-8】，一如下述：

(1) 關係滿意（relationship satisfaction）：關係滿意為雙方對其現有關係感到舒適且滿足，即如愉悅接受現狀。為初階的關係發展狀態，一如品牌關係發展上的「品牌印象」。

(2) 關係信任（relationship trust）：關係信任為雙方願意相信對方會為其謀福祉且不會傷害之，即如信賴對方。為中階的關係

發展狀態，一如品牌關係發展上的「品牌認同」。

(3) 關係承諾（relationship commitment）：關係承諾爲雙方願意爲
對方給出應許且爲對方做某些事務，即如願意共同合作以營
造未來的繁榮美景。爲高階的關係發展狀態，一如品牌關係
發展上的「品牌關係」。

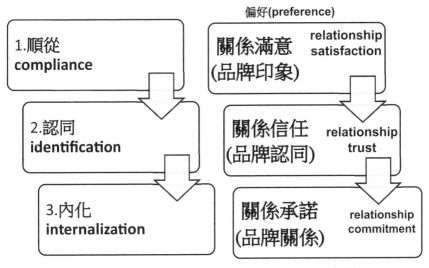

Source: Modified from O'Reilly & Chatman (1986); Crosby, et al. (1990).

圖 8-7 態度的三層面

八、數個認知刺激的反應結果

　　若是分析執行兩項認知刺激（茲以 B1、B2 的兩個認知爲例）下的反應結果（茲以 C1、C2 的兩個行爲反應爲例），則需要討論以下七個要點：

1. B1 到 C1 是最爲重要的關係：首先，最重要的是需要界定出最具因果關係的路徑，此時假設爲由 B1 到 C1，如此便合乎 80/20 法則。

2. 是 B1，而非 B2，對 C1 更具有影響力：再者，需要更進一步說明，在諸項認知刺激中，何以是 B1，而非 B2，對 C1（或 C2）更具有影響力。即不惟由統計上的（迴歸係數）證明，亦須由邏輯上獲得證明。

3. B1、B2 皆是適當的認知刺激：三者，需要說明所列舉的兩項認知刺激，皆是合宜的認知刺激，而非濫竽充數者。如此一來便能對認知的選用，提高其說服力。

4. B1 和 B2 具有互動性影響：四者，即需要進一步考量 B1 和 B2 認知間，是否存在其因果關係，藉以更精緻的說明各項認知間的角色定位。

5. B1，而非 E1，能夠影響到 C1：第五，我們可進一步討論此兩項認知以外的可能性，說明是 B1，而非 E1 認知，能夠影響到 C1（或 C2），此時雖無需由統計上的（迴歸係數）來證明，但需要藉由邏輯上來舉證。

6. B1 有如 B1′ 變數，可稱之爲 XX 效應：第六，我們可以借用 B1′，將 B1 至 C1 的關係，命名爲「某某效應」，期能將理論與

實務加以串接。

7. B1 是 A 和 C 之間的中介變數：最後，我們可以舉證說明 B1（或 B2）是 A 和 C 之間的中介變數，來強化本研究的貢獻。

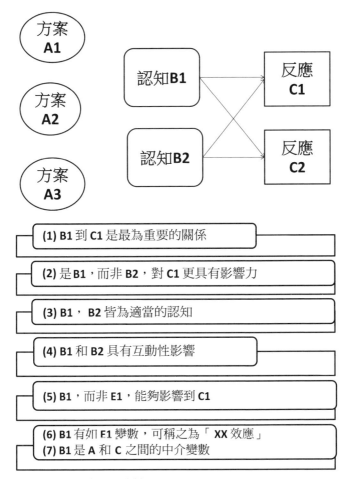

(1) **B1** 到 **C1** 是最為重要的關係

(2) 是 **B1**，而非 **B2**，對 **C1** 更具有影響力

(3) **B1**，**B2** 皆為適當的認知

(4) **B1** 和 **B2** 具有互動性影響

(5) **B1**，而非 **E1**，能夠影響到 **C1**

(6) **B1** 有如 **E1** 變數，可稱之為「**XX** 效應」
(7) **B1** 是 **A** 和 **C** 之間的中介變數

圖 8-8 數個認知刺激的反應結果

【三國漫步之八】關羽大意失荊州

在劉備攻下西蜀地區後，敦請關羽守護荊州。諸葛孔明對關羽交付八字箴言即：「北拒曹操，東和孫權」，這是明察大勢的智慧建言。

可惜關羽對於此一方案囑咐，在認知上心想諸葛亮過慮而多此一舉，並未放在心上。是以關羽過於驕傲，不聽孔明的「北拒曹操」言，見曹營有隙，揮軍北上直攻曹營，與曹將于禁、龐德大戰於襄陽和樊城地區。

關羽過於自負，不聽孔明的「東和孫權」方案，在認知上對其嗤之以鼻，故在孫權為兒子向關羽女兒求親之事中，挑俸「我們虎女不嫁犬子」，激怒孫權。加上關羽在認知上素來輕視孫權，並認定新任的水陸都督陸遜不足構成威脅，遂將荊州兵全師北調以支援襄樊。

陸遜見機會出現，遂趁荊州空虛之際，攻破荊襄間的數十個狼煙鋒火台，中斷荊州對關羽的聯繫通道，再偷襲荊州，勸降江陵、公安、南郡諸城，荊州和長江各要塞遂為陸遜所奪。此即著名的「關羽大意失荊州」。

後來關羽因為被孫曹兩軍夾擊，加上荊州和長江各要塞俱失陷，最後只能敗逃到麥城附近被陸遜所擒，旋被孫權所殺。當時劉封和孟達雖然鎮守鄰近的上庸城，但不出兵相救。係由於關羽向來恃才傲物，輕視同儕，遂在需要他人支援時，盼不到旁人的幫助。

註釋

〔8-1〕有關認知的空間軸，敬請參閱：Parasuraman, A., V.A. Zeithaml and L.L. Berry (1988), "SERVQUAL: A Multiple-Item Scale for Measuring Consumer Perceptions of Service Quality," Journal of Retailing, 64(1): 12-40. 以及 Stone, R.N. and K. Gronhaug (1993), "Perceived Risk: Further Considerations for the Marketing Discipline," European Journal of Marketing, 27(3): 39-50.

〔8-2〕有關認知的時間軸，敬請參閱：Parasuraman, A., V.A. Zeithaml and L.L. Berry (1985), "A Conceptual Model of Service Quality and Its Implications for Future Research," Journal of Marketing, 49(Fall): 41-50. 以及 Zeithaml, V.A., L.L. Berry and A. Parasuraman (1993), "The Nature and Determinants of Customer Expectations of Service," Journal of the Academy of Marketing Science, 21(1): 1-12.

〔8-3〕有關認知的學習軸，敬請參閱：Hamel, G. (1991), "Competition for Competence and Inter-partner Learning Within International Strategic Alliances," Strategic Management Journal, 12: 83-103. 以 及 Cohen, W.M. and D.A. Levinthal (1990), "Absorptive Capacity: A New Perspective on Learning and Innovation," Administrative Science Quarterly, 35(1): 128-152.

〔8-4〕有關認知的公平軸，敬請參閱：Tax, S.S. and S.W. Brown (1998), "Recovering and Learning from Service Failure," Sloan Management Review, 39(Fall): 75-88. 以及 Tax, S.S., S.W. Brown and M. Chandrashekaran (1998), "Customer Evaluations of Service Complaint Experiences: Implications for Relationship Marketing," Journal of Marketing, 62(4): 60-77.

〔8-5〕有關態度的兩大指標，敬請參閱：Zeithaml, V.A. (1988), "Consumer Perceptions of Price, Quality, and Value: A Means-End Model and Synthesis of Evidence," Journal of Marketing, 52(July): 2-21. 以及 Oliver, Richard L. (1980), "A Cognitive Model of the Antecedents and Consequences of Satisfaction Decisions," Journal of Marketing Research, 17: 460-469.

〔8-6〕有關認同的三個構面，敬請參閱：Tildesley, A.E. and Coote, L.V. (2009), "This Brand Is Me: A Social Identity Based Measure of Brand identification," Advances in Consumer Research, 36(3): 627-630.

〔8-7〕有關態度的三個層面，敬請參閱：O'Reilly III, and Chatman, J.A. (1986), "Organizational Commitment and Psychological Attachment: The Effect of Compliance, Identification and Internalization on Prosocial Behavior," Journal of Applied Psychology. 71: 492-499.

〔8-8〕有關關係品質的三個層面，敬請參閱：Crosby, L.A., K.R. Evans and D. Cowles (1990) "Relationship Quality in Services Selling: An Interpersonal Influence Perspective," Journal of Marketing, 54(3): 68-81.

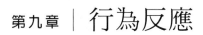

第九章 | 行為反應

一、行為的一般特性

行為反應是解決問題的過程中，第二循環的終點。此時，行為反應的一般特性包括以下五項【9-1】：

1. **自發性**：個人行為是具備內在動力而自動產生的，外在環境雖會影響個人行為的方向和強弱，然無法發動個人行為，也就是除非個人許可，環境不能欺負我們。例如，某人雖受上司責備，但除非他個人同意，否則主管不能叫他頂嘴或遞出辭呈。

2. **主動性**：個人任何行為的產生絕非偶然出現、盲目而行的，即任何行為皆會受個人的意識所支配。縱使行為者可能並不瞭解自己行為的原因，但此不意味他無法控制此一行為。例如，某人失戀或失業後精神痛苦，遂與酒促小妹發生性關係，但這仍是此人自主控制下的行為。

3. **因果性**：某行為可被視為是表現後的結果，而該項行為必然有其原因，即事出必有其因。同時，在行為生成後，必會成為下個行為發生的原因。例如，某人表現不好被上司責備，心情惡劣跑去喝酒，酒後開車出了車禍。

4. **持續性**：基本上個人行為是有其目的性，且是個人主動使其發生的。一般而言，在個人尚未達到自定的目標以前，此項行為會持久發生而不會停止。例如，某人訂下為自己存第一桶金的目標，此驅動他努力工作賺錢，甚至主動要求加班，此行為會持續下去直到他存到第一桶金為止。

5. **變動性**：個人會在追求個人目標下，考量環境的變動情況，選擇一最為有利的形式，適度改變其行為，期能達成個人的既定目

標。例如，某人訂下為自己存第一桶金的目標，此驅動他努力工作賺錢，後來他發現光一份工作難以達成目標，遂調整行為，主動兼第二份差，期能加快達成存到第一桶金的目標。

同樣的，本章所探討的行為，係指在執行方案後，對方會有的行為反應，而非執行方案方的行為，特此說明。

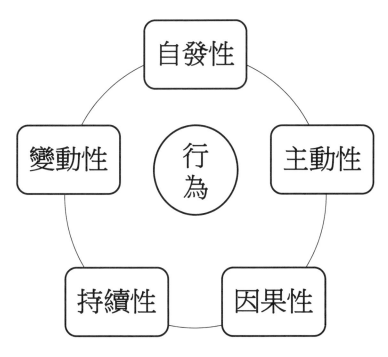

Source: Modified from Dusenbery (2009).

圖 9-1 行為的一般特性

二、行為的動機特性

人類行為指人類的動作、行動方式，以及刺激後的反應等，即指人類自由意思下的各種身體活動的統稱。相關因子包括環境、其他人類、生物或物品等。人類行為的空間軸如下：

1. **動機性行為（motivational behavior）**：指人類的行為受個人欲望和動機的驅動，指向特定的目標，即為動機支配並指向特定目標的動機性行為。動機性行為可細分成目標導向行動和目標行動兩者。

2. **目標導向行為（goal-oriented behavior）**：指為達到某一目標而採行的行動，例如，人口渴需要喝水，而為要喝水而預備水壺和確定喝水的場所，皆為目標導向行為。

3. **目標行為（goal behavior）**：指實現或達成目標本身的行為，例如，喝水本身即為目標行為。而當目標行為（喝水）啟動之後，便自然降低目標導向行為（尋找水源）。

目標導向行動和目標行動循環交替的過程，為一種螺旋式滾動上升的歷程，個人在實現某項目標之後，會隨後提出下一個更高更大的目標，從而邁向下一個目標導向程序，從而使人經常維持在積極向上的進步水平，致形成人類文明的生活。

因此，個人在方案執行後的刺激下，所產生的反應與行為，仍屬於動機性行為的範疇，即明顯受到個人動機與需求因素的影響。故仍需探究方案背後的需求、價值與信念，有以致之。

此外，尚有非動機行為，即指人類在休閒或無意識時刻，所呈現的漫無目標、四處休閒遊蕩的隨興行為稱之，惟此不列入本書討論的

範圍。

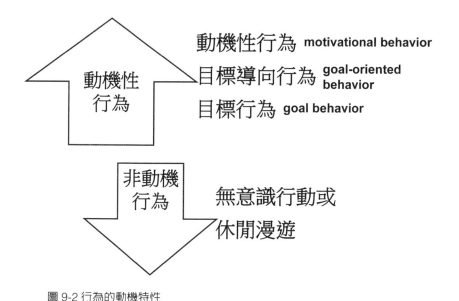

圖 9-2 行為的動機特性

三、行為背後原因的分類

行為反應背後原因的分類有三者，說明如下：

1. **本能行為**：本能行為（instinctive behavior）或稱先天誘發機制（angeborenen auslöse mechanismus; AAM），或本能運動行為，係由獨立的單位所組成，即是天生對於外在刺激的識別能力，例如，經以鑰鎖尖端刺激皮膚後，產生的自動縮回反應。

2. **誘發行為**：誘發行為（induced behavior）或稱後天誘發機制（erworbene auslöse mechanismen; EAM），或認知反應行為，係經由後來學習得到的誘發刺激的識別行為。例如，公司公布獎金獎勵制度後，某甲拚命加班拚業績的行為。

3. **動機行為**：動機行為（motivational behavior）係受目標驅力所驅策影響，是為動機理論下行為。例如，某人立志要擔任大學教授，因而長期努力攻讀博士學位的行為。

    另外，若以刺激變數的有無，可將行為細分成兩大分類，即刺激——反應行為與自發行為，說明如下：

    (1) 刺激——反應行為（stimulate-response behavior）：指在具有外界刺激下所產生的行為。在人際互動的合作架構下，即為誘因行為（incentive behavior），包括兩種行為，即誘發行為與動機行為。

    (2) 自發行為（spontaneous behavior）：指在沒有外界刺激下所發生的行為。在人際互動的合作架構下，即為自發行為，或稱自願行為（voluntary behavior），包括三種行為，即忠誠行為、合作行為、參與行為【9-2】：

a. 忠誠行為（loyalty behavior）：即持續性從事某一種忠於對方的行動。例如，支持對方的意見、順從對方指令、跟隨對方行動；或在購買上的重複（持續）購買、敏感性購買、慣性購買、推薦他人、形成口碑等。

b. 合作行為（cooperate behavior）：即關係成員一起為共同目標而努力，配合對方意旨行動、共同完成某件事務或任務。例如，顧客成為企業內部的成員，類似企業志工或義工，配合企業相關規定和政策。

c. 參與行為（participate behavior）：即顧客扮演企業的諮詢顧問。合作夥伴與對方共同從事目標擬定與規劃作業，提出具建設性的解決方案。例如，不是抱怨對方，而是提出建設性具體建議，且加入執行的行列。

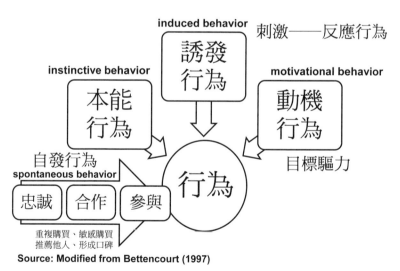

Source: Modified from Bettencourt (1997)

圖 9-3 行為背後原因的分類

四、消費行為分類

消費行為（behavior）是個體的外顯可見的購買行動。其依本身到附加的過程，包括基本行為和衍生行為兩者【9-3】，說明如下：

1. **基本行為**：基本行為（fundamental behavior）指一般會發生的行動，通常是指在方案實施後，預期對方會自然生成的反應行動。例如，執行行銷方案後，消費者接受刺激後導致的直接購買（第一次購買）、重複購買（形成忠誠度的固定購買）、敏感性購買（如漲價時仍然購買或地點較遠時依然購買）、慣性購買（如習慣性且不假思索的購買）等行動。

2. **衍生行為**：衍生行為（derived behavior）指連帶可能發生的後續行動，通常是指在方案實施後，預期對方進一步會有的後續反應行動。例如，方案執行後，消費顧客推薦給他人（指向特定人士推介，通常是其家人、親戚、同事、朋友等）、四處宣傳以形成口碑（word-of-mouth）（指向不特定人士推介）等行動。

若依照依本身的關切程度，包括產品涉入（即關切）和品牌涉入（即關切）程度，可將消費行為分為複雜型行為、和諧型行為、多樣型行為、習慣型行為等四類，說明如下：

(1) **複雜型行為**：複雜型行為（complicated behavior）指產品涉入程度高且品牌涉入程度高的消費行為，為影響十分深遠的消費行為。如購置房屋、汽車、高級音響、手機、平板電腦等。

(2) **和諧型行為**：和諧型行為（dissonance-reducing behavior）又稱降低失調行為，指產品涉入程度高但品牌涉入程度低的消費

行為，目的在降低產品失調時的不適感。如室內裝潢、購買廚具、家電產品、地毯、窗簾等。

(3) 多樣型行為：多樣型行為（variety-seeking behavior）又稱尋求多樣化行為，指產品涉入程度低但品牌涉入程度高的消費行為，目的在增加使用時的變異感受。如決定餐廳、購買食品、飲料、餅乾、點心等。

(4) 習慣型行為：習慣型行為（habitual behavior）指產品涉入程度低且品牌涉入程度低的消費行為，為日常生活的便利性購買行動。如在便利超商中經常購買的衛生紙、牙膏、洗衣粉、沐浴乳等日常用品。

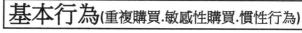

本身到附加

基本行為(重複購買.敏感性購買.慣性行為)
(fundamental behavior)

衍生行為(推薦他人.形成口碑)
(derived behavior)

本身關切程度

	高產品涉入	低產品涉入
高品牌涉入	複雜型行為	多變型行為
低品牌涉入	和諧型行為	習慣型行為

Source: Modified from Jones and Sasser (1995), and Kolter (2000).

圖 9-4 消費行為分類

五、數項反應行為的分析

若有兩項反應行為（茲以 C1、C2 表示）時，即需要注意以下四點，說明如下：

1. C1 是最為重要的行為：首先，最重要的是需要界定出最具因果關係的路徑，此時假設為由 B1（或 B2）到 C1，如此便合乎 80/20 法則。

2. C1、C2 皆是適當的反應行為：二者，需要說明所列舉的兩項反應行為，皆是合宜的反應行為，而非濫竽充數者。如此一來便能對行為的選用，提高其說服力。

3. C1 和 C2 具有互動性影響：三者，即需要進一步考量 C1 和 C2 認知間，是否存在其因果關係，藉以更精緻的說明各項行為間的角色定位。

4. C1 有如 C1′ 變數，可稱之為 YY 效應：第四，我們可以借用 C1′，將 B1 至 C1 的關係，命名為「某某效應」，期能將理論與實務加以串接。

   同樣的，若是分析數項反應結果，則需要討論以下四個要點：

   (1) 此行為是關鍵性問題（變數）：首先，需要界定清楚此一行為絕對是關鍵行為，足以呼應先前的關鍵問題。

   (2) 此行為是主流活動中的一系列運動：第二，需要說明此一行為是主流活動，以點出此一行為的重要性。同時說明此為某一主流活動中的一系列運動，以點出此一行為的延續性。

   (3) 此行為會越來越明顯，必須正視：第三，需要說明若不處理，此行為會越來越明顯，而必須正視處理。

(4) 此行為在此特定產業中深具價值：第四，需要說明此一行為
在某特定行業中的特定價值，即說明此一方案的提出，足能
解決此一行業的問題。

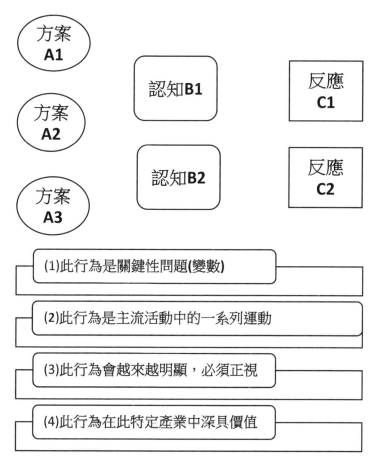

圖 9-5 數項反應行為的分析

【三國漫步之九】劉備兵敗百里連營

劉備即帝位，稱蜀漢昭烈帝。此時由於關羽大意失荊州，被孫權所殺，劉備因思念二弟關羽之死，在行爲上遂不聽諸葛孔明的勸阻，執意討伐孫權。此時在閬中的張飛又因思念二哥關羽之死，遂在行爲上放縱飲酒，且產生在酒後欺壓部屬的失態行爲，導致部屬含恨在心，連帶生成暗殺張飛的行爲反應。

劉備在連失二位賢弟的悲痛之際，更加深征討孫權的意志。劉備在悲憤中衝動行事，集全蜀國之兵力，親自率領七十萬蜀軍東征孫權，卻留孔明輔佐劉禪守成都。劉備初期勢如破竹，直入川東，於湖北猇亭與陸遜大軍對峙。

劉備有勇無謀，又不能聽進將領的勸阻，夏天時因氣候炎熱，逕行在長江北岸的樹林下布陣，連營百里。但此實犯兵家大忌，遂被吳軍陸遜使用火攻，加上南風助威，火燒百里連營，蜀軍全師潰滅，敗於湖北宜都地域。

幸有孔明所預先安排的流星魚腹八卦陣，遂能暫時困住陸遜，保住劉備性命，安全逃至白帝城。

劉備敗給陸遜，倉皇逃至白帝城，無顏見江東父老，也無法爲二弟報仇，整天憂悶、憤恨致罹疾而亡，臨終前劉備召孔明前來託孤劉禪，得年僅五十六歲，劉備的晚年實令人不勝唏噓。

註釋

〔9-1〕有關行為的一般特性，敬請參閱：Dusenbery, David B. (2009). Living at Micro Scale, Harvard University Press, Cambridge, Mass.

〔9-2〕有關自發行為的構面，敬請參閱：Bettencourt, L.A. (1997), "Customer Voluntary Performance: Customers As Partners in Service Delivery," Journal of Retailing, 73(3): 383-406.

〔9-3〕有關消費行為的構面，敬請參閱：Jones, T.O. and W.E. Sasser (1995), "Why Satisfied Customers Defect," Harvard Business Review, 73(Nov/Dec.): 88-99.

第十章 │ 結果影響

一、結果的空間構面和時間構面

本章繼續探討「對方」行為後的結果影響。

1. 結果的空間軸面

若由結果的空間軸面而論,基本上結果包括兩大構面,即為目標達成與關係和諧【10-1】,說明如下:

(1) 目標達成(goal achievement):此為結果的數量層面。指各項方案的結果必須要能完成當初所制定的目標,藉以落實管理循環中的規劃(plan)、執行(conduct)、決策(decision),與審核(audit),完成管理上知名的「規劃 —— 執行 —— 決策——檢核(PCDA)」的控管程序。例如,達成業績 100 萬、市占率 10%、獲利成長率 5%、升上主任、年薪百萬、結婚生子的目標等。

(2) 關係和諧(relation harmony):此為結果的品質層面。指各項方案的結果必須促成人際關係的穩妥與增進。因為目標是一時的,關係卻是永遠的。雙方需要達成「人和」以支持下一步的成功機會,實在不可掉進「目標萬歲,(家庭)關係破碎」的致命漩渦中,此十分不智。

2. 結果的時間軸面

若由結果的時間軸面而論,基本上結果包括兩大構面,即為短期衝擊與長期影響,說明如下:

(1) 衝擊(impact):衝擊通常是短期可見的情形,意指個體行為

的結果，在物理上或數量上的直接造成的改變或變動。例如，此次「太陽花」的百萬群眾的示威抗議事件，造成政府施政方向上的直接改弦更張。

(2) **影響（influence）**：影響通常是長期不可見的情形，意指個體行為的結果，在心理思維上或文化品質上的潛在產生的改變或變動。例如，此次「太陽花」的民主抗爭事件，使得政府有關當局重新思索有效溝通與對話的背後意涵，以及對於網路社群互動（網軍）的重視。

總言之，結果的衝擊與影響面向首位字母皆是「i」，故可稱為結果的「雙重 i（double i）」。

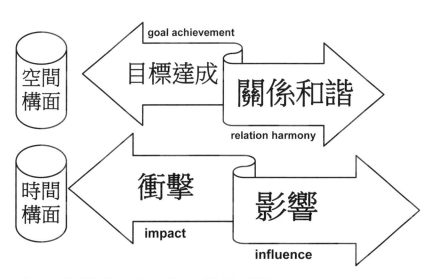

Source: Modified from Chen, Liu, and Hsieh, (2009)

圖 10-1 結果的空間構面和時間構面

二、結果的目的層面與人群層面

1. 結果的目的層面

若論及結果的目的層面，係指結果能夠符合當初目標設定的程度，其包括以下兩個要項：

(1) 目標達成（achieve the goal）：指相關行動結果能夠達成起初目標的情況。而表現在合作目標的實現程度、合作人員相關能力提升的預期實現程度上。此時即需檢視目標達成的結果衡量，從各個面向來探究目標達成的情形。

(2) 期望實現（come true）：指相關行動結果能夠達成先前期望的情況。而表現在合作使命的實現程度、合作人員共同願景的落實程度上。此時亟需檢視結果內涵，將之與期望目標相比，探究其的實現比例，藉以探究執行方案的真實績效。

2. 結果的人群層面

至於結果的人群層面，係指結果在人際間的影響程度，其包括以下兩個要項：

(1) 關係滿意（satisfy the relationship）：指相關參與人士對此一合作的過程中，感到滿意的程度。而表現在合作運作關係的滿意程度、合作過程互動情況的滿意度上，而關係滿意度更攸關人際互動的順暢程度。

(2) 願意繼續合作（wish to future cooperation）：指相關參與人士願意繼續維持此一合作關係。而表現在外在的相互信任與

關係承諾上，繼續合作意願即會進一步影響未來離去的程度。

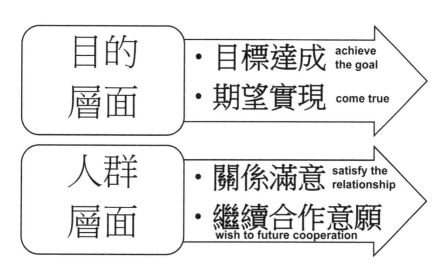

圖 10-2 結果的目的層面與人群層面

三、結果的績效層面

再者，結果的績效層面包括市場績效、財務績效、技術績效、組織績效四者【10-2】，說明如下：

1. **市場績效**：市場績效（market performance）指結果會改變產業或產品結構，強化企業競爭力或個人發展機會。而表現在市場占有率、開闢新市場、銷售數量與金額上。

2. **財務績效**：財務績效（financial performance）指結果會降低單位成本、增加獲利能力，進而提升財務能量。而表現在成本降低比率、獲利率與獲利金額、投資報酬率、資產報酬率，以及衍生的收益增量與每股盈餘（EPS）上。

3. **技術績效**：技術績效（technical performance）指結果會獲得關鍵技術、穩定現有技術地位、技術被採用情形、技術能力提升（突破技術瓶頸）、提高對特定技術的吸收程度、與強化某特定技術在企業內的擴散效果。而表現在縮短開發時間、降低不良率、執照發給數量、獲得重要專利權的數量與金額上。

4. **組織績效**：組織績效（organizational performance）指結果會使組織上的調整、企業文化變動與價值系統轉變，為間接性的績效產出。而表現在組織結構調整、人力的重新分配、產品組合與市場的改變與調整等層面上。

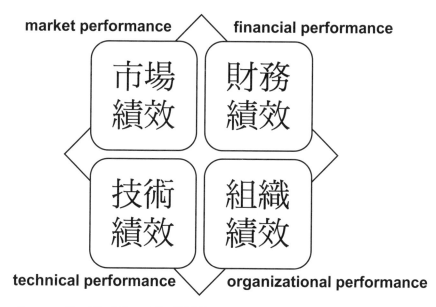

market performance

financial performance

市場
績效

財務
績效

技術
績效

組織
績效

technical performance

organizational performance

Source: Modified from Yin (1992).

圖 10-3 結果的績效層面

四、影響的空間軸與時間軸

1. 影響的空間軸

最後，論及行為產生的影響，就空間軸面而言，包括以下職位、供應、品格行為影響等三個面向【10-3】，說明如下：

(1) 職位行為影響（position behavior influence）：係因著當事人的職位，因而做出的行為所產生的影響。基本上，職位行為的影響力最為短暫且片面，性質屬於嚇阻式信任，影響力僅止於職位在任的當下。

(2) 供應行為影響（supply behavior influence）：係因著當事人握有的資源，因而做出的行為所產生的影響。基本上，供應行為的影響力亦十分短暫且片面，性質屬於了解式信任，影響力僅止於存在供應資源的當下。

(3) 品格行為影響（character behavior influence）：係因著當事人個人的德行品格，因而做出的行為所產生的影響。基本上，品格行為的影響力十分深遠且長久，性質屬於認同式信任，影響會及於長久的一段時間，且不會受到當時政經環境的影響。

2. 影響的時間軸

若論及行為產生的影響，就時間軸面而言，係包括萌芽期、成長期、成熟期、衰退期等四個時期【10-4】，說明如下：

(1) 萌芽期：萌芽期（embryonic stage）指行為產生的影響處在向

未明顯增長的時期，就認知而言，係屬於不知不覺的階段。
此時需要用心發掘並檢視影響的梗概，務求等候結實或防微
杜漸。

(2) 成長期：成長期（growth stage）指行為產生的影響處在明顯
增長的時期，就認知而言，係屬於先知先覺的階段。此時需
要把握機會，趁機而作，與時俱進，期能擴大影響的時效。

(3) 成熟期：成熟期（mature stage）指行為產生的影響處在緩慢
增長的時期，就認知而言，係屬於後知後覺的階段。此時需
要早做規劃預備並及早進行下一階段的後續行為，期能積蓄
能量，徐圖再起，再創明日榮景。

(4) 衰退期：衰退期（decoyed stage）指行為產生的影響處在逐漸
減少的時期，就認知而言，係屬於銹知銹覺的階段。此時需要
當機立斷，見好就收，避免徒然留戀往日風采，掉入驕傲陷阱。

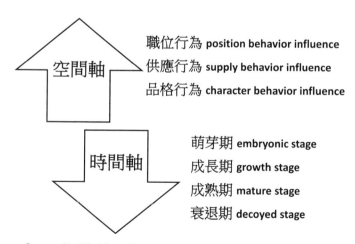

Source: Modified from Maxwell (2000, 2003).

圖 10-4 影響的空間軸與時間軸

【三國漫步之十】劉備的影響力

劉備待人以誠，劉備對他人的影響力既深且遠，先不論桃園結義的關羽和張飛，有知名的關羽過五關，斬顏良、文醜等六將的美談，此時看劉備對趙雲和諸葛孔明的影響。

趙雲原位列公孫瓚的別部司馬，專責照顧馬匹。後來劉備投靠公孫瓚時，公孫瓚將趙雲轉送劉備當貼身護衛。

劉備善待趙雲，時常向趙雲問候並談論軍事。有日趙雲的長兄往生，趙雲要回鄉守喪，劉備離別依依，握住趙雲的手不放，劉備對趙雲說：「我即將失去你。」趙雲深受感動，想長遠跟隨劉備。

三年後，趙雲完成長兄守喪，便打聽劉備下落，後來兩人在鄴城相會，劉備與趙雲把酒言歡，成為莫逆，趙雲忠心追隨劉備，日後曹操大軍追襲劉備，劉備倉皇敗逃，趙雲在長阪坡單騎救主，斥退曹軍，也救回劉禪，趙雲更長居五虎將之列。

另劉備三顧茅廬，請出諸葛孔明，並且善待孔明，尊為軍師。後來劉備兵敗陸遜，逃至白帝城，臨終託孤劉禪給諸葛孔明。

劉備說：「君才十倍於曹丕，必能安國，終定大事，若嗣子可輔，輔之，如其不才，君可自取。」劉備將其子劉禪託付給諸葛亮，期盼他繼續輔佐劉家在西蜀的半壁江山，足見劉備對諸葛孔明十分信任和敬重。

諸葛孔明積極北伐曹魏，六出祁山攻伐魏國，屯軍五丈原，而後由於過於勞碌遂病死於軍旅途中。

　　劉備影響孔明，諸葛孔明受人之託，忠人之事，是位值得被委任的君子。但他並沒有篡奪王位的野心，而是忠心耿耿輔佐劉禪，直到鞠躬盡瘁，死而後已，死時年僅五十四歲，令人不勝唏噓，誠所謂「出師未捷身先死，長使英雄淚滿襟」。

註釋

〔10-1〕有關結果的兩大構面，敬請參閱：Chen, T.Y., Liu, H.H., and Hsieh, W.L. (2009), "How Partner Characteristics and Relationship Capital Influence Performance of International Strategic Alliances" Journal of Relationship Marketing, September, 8(3), 231-252.

〔10-2〕有關結果的績效構面，敬請參閱：Yin, J.Z. (1992), "Technological Capabilities As Determinants of the Success of Technology Transfer Project," Technological Forecasting and Social Change, 42: 17-29. 以 及 Bidault, F. and T. Cummings (1994), "Innovating through Alliances: Expectations and Limitations," R&D Management, 24(1): 33-45.

〔10-3〕有關影響的空間軸，敬請參閱：Maxwell, J.C. (2003), Becoming a Person of Influence: How to Positively Impact the Lives of Others, CA: Storage-house of the World International.

〔10-4〕有關影響的時間軸，敬請參閱：Maxwell, J.C. (2000), The 21 Irrefutable Laws of Leadership, CA: Storage-house of the World International.

第十一章 │ 思辨論證

一、思辨論證的基本程序

在解決問題的過程中，需要藉由理性的思辨論證（rational thinking）程序，來說明界定問題、認定需求、提出方案、執行方案等的過程。因此，本章特別說明思辨論證的內涵，以做爲本書的結束。

論及思辨論證的基本程序，首先是一個清楚的立場，其次是一項主要的論點，再加上兩、三個命題，以及藉以支持此項命題的嚴謹推論思路，如此便可構成思辨論證的基本程序【11-1】，說明如下：

1. **基本立場**：基本立場（position）是論述者心中所抱持的角度或立足點，據此引申出主要論點，藉以說服對方。例如，在台海兩岸簽訂服貿的爭議中，基本立場或爲自由經濟、國際現勢、國家安全、民主人權等不一而足。

2. **主要論點**：主要論點（overall argument）是代表論述者所提出理由，以及支持論點的總合。例如，在台海兩岸簽訂服務貿易協議的爭議中，自由經濟立場的主要論點是經濟紅利有利國計民生；至於國家安全立場立論的主要論點是急統躁進導致國安危殆。

3. **命題**：命題（propositions）是用來支持個人主要論點的敘述。如將命題轉述成可資接受或拒絕的統計檢定語句，則成爲假說（hypothesis）。例如，支持服貿與反對服貿各有以下八個命題的陳述，如 11-2 節中的內容。

4. **推論思路**：推論思路（a line of reasoning）指論述者藉由有系統、整理妥當的若干理由，引導對方經由論述者的理由，逐步走進論述者的「命題」中。例如，在兩岸貿易自由化有助於經濟發展的命題中，有六種推論思路可供運用，如 11-3 節至 11-5 節的內

容。

5. **論證**：論證（arguments）指在每個推論思路中，其間的每一塊基石或磚瓦即是論證。論證的內容更涵括說服、理由、以及信號語句等不同要素。例如，在 11-3 節至 11-5 節的各個推論思路中，會出現的各項支持理由或統計數據。

6. **描述與解釋**：描述（description）、解釋（explanation）與其他資訊是論述者在說明論證的同時，引用充作輔助資訊的工具統稱。

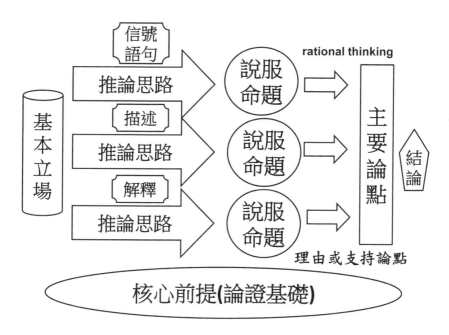

圖 11-1(a) 思辨論證的基本程序

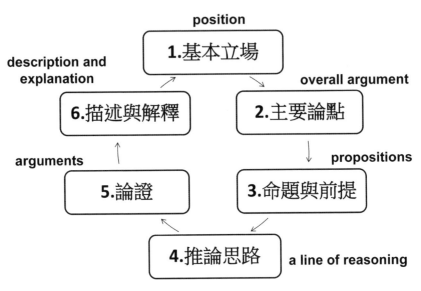

Source: Modified from Cottrell (2010).

圖 11-1(b) 思辨論證的基本程序

二、服務貿易協議正反面命題

茲以台海兩岸「服務貿易協議」為例，說明其間的服貿協議的正反面命題如下：

1. 正面命題有八項，包括：
   (1) 兩岸貿易自由化有助於經濟發展
   (2) 區域聯盟是國際現勢難以避免
   (3) 若不簽署恐遭國際孤立與邊緣化
   (4) 可增進台灣的全球競爭力
   (5) 依照國際法例已簽署的雙邊協議若修改等於重啟談判
   (6) 在雙邊談判下各方利益勢必有所取捨
   (7) 有利於國際企業的全球經營
   (8) 服務貿易協議是 ECFA 的後續協議

2. 反面命題亦有八項，包括：
   (1) 兩岸貿易自由化會危及國家安全
   (2) 罔顧程序正義即無實質正義可言
   (3) 兩岸交流必剝奪台灣人民的工作機會
   (4) 兩岸協議無法照顧產業弱勢
   (5) 兩岸協議將導致陸資大舉犯台
   (6) 兩岸協議結果是以經逼統
   (7) 兩岸協議自由貿易獨厚大企業而不利中小企業
   (8) 接受國會監督是必然也是必須

正方命題	propositions	反方命題
1.自由化		1.國家安全
2.區域聯盟		2.程序正義
3.邊緣化		3.工作機會
4.全球競爭		4.產業弱勢
5.國際法例		5.陸資犯台
6.談判取捨		6.以經逼統
7.國際企業		7.中小企業
8.ECFA後續		8.監督機制

圖 11-2 服務貿易協議正反面命題

三、推論思路之一：搭橋法與替代法

至於推論思路則有以下六種方法，分述如下【11-2】：

1. 搭橋法

搭橋法（bridging method）即在變數 X 和變數 Y 中間，搭建出推論的橋墩，通常至少需設置兩個橋墩（即 A 和 B），充當支撐點，如此即可由變數 X 推論出導致變數 Y 的命題。即圖中的 X 點→ A 點→ B 點→ Y 點的程序。

例如，在兩岸貿易自由化有助經濟發展命題中，自由貿易 (X) 可享受來自全球產業分工的利益 (A)，在比較利益法則機制下，台灣能在全球產業價值鏈中扮演特定角色 (B)，獲得全球經濟成長的豐碩果實 (Y)。

又如，在區域聯盟是國際現勢無法規避的命題中，自由貿易開放市場 (X) 是推動全球自由貿易區的環節，此有利融入全球區域經濟整合架構 (A)，在現有自由貿易組織體制，全球多邊談判經貿體系中，不致遭邊緣化或被國際孤立 (B)，此可享全球經貿區域聯盟利益 (Y)。

2. 替代法

替代法（substitution method）係在變數 X 和變數 Y 中間，另外尋找出變數 X′，充當變數 X 的替代變數，即指在 X′ 可視為類同於 X。今經由 X 到達 X′ 後，加上 X′ 可到達 Y，即可推論出變數 X 可導致變數 Y 的命題。即圖中的 X 點→ X′ 點→ Y 點的程序。

例如，在台海貿易自由化可強化台灣的全球競爭力命題中，台海

貿易自由化 (X) 可使台灣產業結構轉型 (X')，因應全球技術創新腳步，提高企業競爭能力，增強台灣的全球競爭力 (Y)。

此外，可另尋找變數 Y'，做為變數 Y 的替代變數。今經由 X 到達 Y' 後，在 Y' 類同於 Y 情形下，也可推論出變數 X 導致變數 Y 的命題。即圖中 X 點→ Y' 點→ Y 點的程序。

另外，要提升台灣競爭力 (Y)，有賴改善台灣企業體質，落實研發創新，透過貿易自由化 (X) 可使台灣企業與大陸市場接軌 (Y')，落實國際競爭力實效。

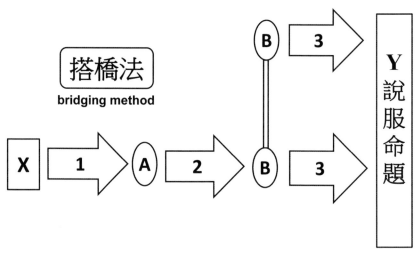

圖 11-3(a) 推論思路之一：搭橋法

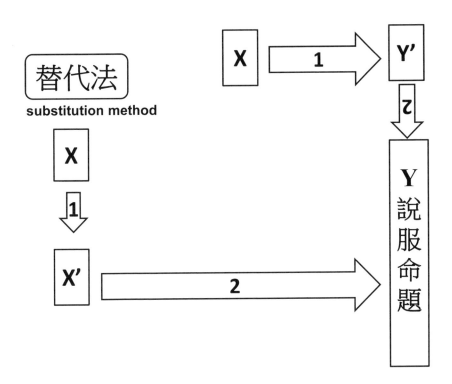

圖 11-3(b) 推論思路之一：替代法

四、推論思路之二：分解法與實例歸納法

以下繼續說明推論思路的分解法與實例歸納法。

3. 分解法

分解法（decomposition method）即在變數 X 和變數 Y 中間，將變數 X 拆解成數個小部分，諸如 X1、X2、X3，再分別推演出 X1 至 Y、X2 至 Y，以及 X3 至 Y 的三條因果路徑，充做細部的分拆路徑，經由此遂能將變數 X 推論導致變數 Y 的命題。即圖中的 X1 點→ Y 點、X2 點→ Y 點、X3 點→ Y 點的統合程序。

例如，在貿易自由化有助經濟發展命題中，自由貿易可產生三種優勢利益。第一，經由大規模資本和勞動投入，產生資金運作的「所有權優勢」利益 (X1)。第二，經由將生產活動移轉到低勞動成本區，將銷售活動移轉到高市場需求區，產生地理上「區位優勢」利益 (X2)。第三，透過水平和垂直整合，擴大價值鏈，並執行購併和直接投資的多角化活動，達到分散風險目的，滋生管理上「內部化優勢」利益 (X3)。

4. 實例歸納法

實例歸納法（example induction method）即在變數 X 和變數 Y 中間，經由若干實例的驗證，推論出變數 X 可以導致變數 Y 的命題。亦即可以藉由數學歸納法的精神與方法，間接推導得出變數 X 與變數 Y 中間具備有因果關係。

例如，在兩岸貿易自由化 (X) 增進台灣的國際競爭力命題中，列

舉香港（n＝1）、新加坡（n＝2）、韓國（n＝3）、日本（n＝4）、紐西蘭（n＝5）、澳洲（n＝6）各國，皆因開放國內市場，導致全球競爭力明顯提高，故可類推台灣若一旦開放市場，亦會導致提高台灣的全球競爭力(Y)。

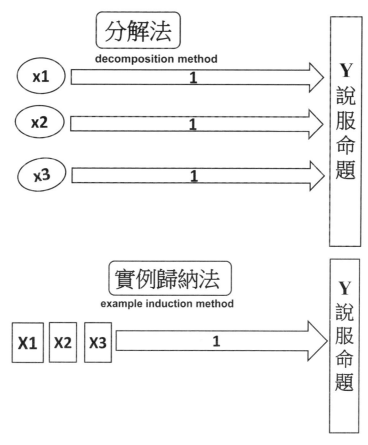

圖 11-4 推論思路之二：分解法與實例歸納法

五、推論思路之三：三角邏輯（歸納與演繹）法

以下繼續說明推論思路的三角邏輯（歸納與演繹）法【11-3】。

5. 三角邏輯歸納法

三角邏輯歸納法（logical induction method）即運用統計數據、概念支持、命題主張的三角形，共同依序歸納成推演思路命題的過程，說明如下：

(1) 統計數據：首先，提出可供支持性的統計資訊或數字根據。例如，現在人口結構迅速老化，擁有時間和金錢的五、六十歲人口數目業已大量增加（提出確實數據）。

(2) 概念支持：第二，提出某一具普遍性的概念、學說或是理論來支持。例如，人們普遍具備有懷念年輕時光的懷舊傾向。

(3) 命題主張：第三，提出個人的命題內容，即所謂的個人提案。例如，針對現今五十、六十歲的人口群，我方主張要開發平價復古風的擺飾品。

6. 三角邏輯演繹法

三角邏輯演繹法（logical deduction method）即運用概念支持、統計數據、命題主張的三角形，共同依序歸納成推演思路命題的過程，說明如下：

(1) 概念支持：首先，提出某一具普遍性的概念、學說或是理論來支持，即大前提。例如，人們普遍具備有懷念年輕時光的懷舊傾向。

(2)統計數據：第二，提出可供支持性的統計資訊或數字根據，即小前提。例如，現在人口結構迅速老化，擁有時間和金錢的五、六十歲人口數目業已大量增加（提出確實數據）。

(3)命題主張：第三，提出個人的命題內容，即所謂的個人提案。例如，針對現今五十、六十歲的人口群，我方主張要開發平價復古風的擺飾品。

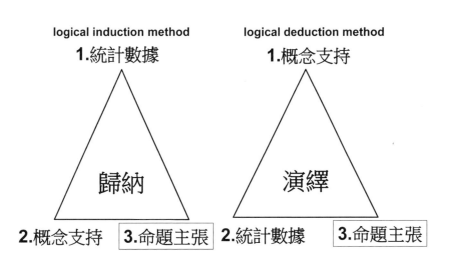

圖 11-5 推論思路之三：三角邏輯（歸納與演繹）法

【三國漫步之十一】魏師突襲成都

　　蜀國自諸葛孔明積極伐魏，六出祁山後，接著姜維亦連年出兵伐魏，耗損不少國力。另蜀漢劉禪怠忽國事，寵幸宦官黃皓，朝政不堪聞問，國力日衰。

　　蜀國宦官黃皓欲奪取姜維的兵權，姜維遂依丞相郤正建議，上表劉禪，仿效諸葛武侯，赴沓中（今甘肅舟曲西北）避禍屯田。同時姜維令胡濟鎮守漢壽，王含駐守樂城，蔣斌守護漢城，蔣舒和傅僉則守住諸蜀關隘，防備曹魏。後來曹魏司馬昭軍在劍閣與西蜀姜維大軍相持。

　　司馬昭令鄧艾，鍾會僅率領精兵二千，攀爬摩天嶺，更以被褥裹身，滾落斷崖。鄧艾與鍾會直取綿竹縣城，蜀軍始料未及，倉皇應戰敗逃。隨後魏軍再破油江口縣城，包圍成都，劉禪投降，西蜀遂亡。

　　這是因為蜀國經孔明六出祈山伐魏，已耗損不少國力；另內政廢弛，貪官污吏橫行，國家衰敗跡象已露；加上劉禪昏庸無能，軍民不思抵抗外侮，士氣瓦解潰散，註定該亡。以上為蜀國先亡的推論思路。是以魏國只派精兵二千即能輕鬆亡蜀，豈不妙哉。

　　不久後，孫吳和曹魏亦亡，三家歸司馬晉國，誠所謂「天下大勢合久必分，分久必合」。正如羅貫中《三國演義》封面詩云：

滾滾長江東逝水，浪花淘盡英雄。

是非成敗轉頭空，

青山依舊在，幾度夕陽紅。

白髮漁樵江渚上，慣看秋月春風。

一壺濁酒喜相逢，

古今多少事，都付笑談中。

——臨江仙·楊慎

註釋

〔11-1〕有關論證的基本程序,敬請參閱:鄭淑芬譯(2010),Stella Cottrell 著,《批判式思考:跳脫慣性的思考模式》,台北市:寂天文化出版。

〔11-2〕有關推論思路的方法,敬請參閱:陳澤義(民104),《生涯規劃(二版)》,台北市:五南圖書出版。

〔11-3〕有關三角邏輯法,敬請參閱黃玉寧譯(民103),《60分鐘圖解訓練:邏輯思考技術》(茂木秀昭著),台中市:晨星出版。

參考書目

王慶中譯（民99），《人類需求：多面向分析》，多爾‧考茲著，台北市：洪葉文化出版。

王傳友（民94），《創新思維與創新技法》，上海市：人民交通出版。

伍學經、顏斯華譯（民93），《問題分析與決策：經理人KT式理性思考法》，查理斯凱‧普納、班傑明‧崔果著，台北市：中國生產力中心出版。

呂美女譯（民100），《腦的白魔術》（茂木健一郎著），台北市：天下文化出版。

李明譯（民92），《執行力》，包熙迪、夏藍合著，台北市：天下文化出版。

李芳齡譯（民101），《五個簡單技巧學創新》，（克雷頓‧克里斯汀生著），台北市：天下雜誌出版。

李田樹譯（民89），《創業》，（阿瑪‧拜德著），台北市：天下文化。

吳妍儀譯（民96），《我們為什麼要活著？—尋找生命意義的11堂哲學必修課》（茉莉亞‧貝吉尼著），台北市：麥田出版。

狄驦（民102），《30歲後你會站在哪裡》，台北市：聯經出版。

林修旭譯（民100），《我該如何閱讀》（亞倫‧傑柯布著），台北市：大是文化出版。

林詠純譯（民103），《商場上最重要的提問力》（松田充弘著），台北市：究竟出版。

林家儀譯（民95），《你被錄取了》（維琪‧奧立佛著），台北市：達觀出版。

洪翠薇譯（民98），《大學生了沒：聰明的讀書技巧》（史特拉·寇提列著），台北市：寂天文化。

洪蘭譯（民102），《邁向圓滿：掌握幸福的科學方法與練習計畫》（馬汀·賽利格曼著），台北市：遠流出版。

姜雪影譯（民101），《先問，為什麼：啓動你的感召領導力》（賽門·西奈克著），台北市：天下雜誌出版。

馬奈譯（民104），《第四消費時代》，三浦展著，台北市：時報文化出版。

張善楠譯（民97），《大學教了沒？－前哈佛校長提出的八門課》（杜雷克·布克著），台北市：天下文化出版。

郭亞維（民99），《哈佛校訓給大學生的24個啓示》，台北市：文經閣出版。

陳正芬譯（民93），《問題背後的問題》，約翰·米勒著，台北市：遠流文化出版。

陳信宏譯（民102），《如何不爲錢煩惱》（約翰·阿姆斯壯著），台北市：先覺出版。

陳郁文譯（民104），《破解APP世代》，霍華納·嘉納、凱蒂·戴維合著，台北市：時報文化出版。

陳澤義（民103），《美好人生是管理出來的》，深圳市：海天出版社（簡體字版）。

陳澤義（民103），《影響力是通往世界的窗戶》，深圳市：海天出版社（簡體字版）。

陳澤義（民103），《管理與生活》，台北市：五南圖書出版。

陳澤義（民104），《生涯規劃（二版）》，台北市：五南圖書出版。

陳澤義（民104），《幸福學：學幸福》，台北市：五南圖書出版。

陳澤義（民104），《服務管理（五版）》，台北市：華泰文化出版。

陳澤義（民104），《管理學》，新北市：普林斯頓圖書出版。

陳澤義（民103），《科技與創新管理（四版）》，台北市：華泰文化出版。

黃玉寧譯（民103），《60分鐘圖解訓練：邏輯思考技術》（茂木秀昭著），台中市：晨星出版。

馮克芸譯（民98），《會問問題，才會帶人》（查理斯·克拉克著），台北市：大塊文化。

賀維爾譯（民102），《打造不敗的創新方案》，維傑·庫瑪著，台北市：果禾文化出版。

楊明譯（民103），《彼得·杜拉克的九堂經典企管課》（李在奎著），台北市：漢湘文化出版。

楊和炳（民98），《產業環境與人力分析》，台北市：三民書局出版。

楊淑智、辛凱玫譯（民103），《做得對還要做得好：高績效團隊的職場10鑰》，韋斯·坎特雷爾、詹姆斯·路卡斯合著，台北市：中國主日學學會出版。

曹明星譯（民99），《黃金階梯：人生最重要的二十件事（三版）》（伍爾本著），台北市：宇宙光全人關懷機構出版。

翟本喬（民104），《創新是一種態度》，台北市：商周出版。

蔡啓源（民104），《方案規劃與評鑑》，台北市：雙葉書廊出版。

賴祈昌譯（民103），《聊不停的聰明問話術》（越智真人著），台北市：采實文化出版。

趙婉君譯（民91），《哈佛經驗：如何讀大學》（萊特著），台北市：立緒出版。

謝佳慧、林宜萱譯（民91），《麥肯錫的專業思維：透析全球頂尖顧問公司的管理》，雷索 · 費加著，台北市：麥格羅 · 希爾出版。

鄭怡世（民104），《成效導向的方案規劃與評估（二版）》，台北市：巨流圖書出版。

鄭淑芬譯（民99），《批判式思考：跳脫慣性的思考模式》（史特拉 · 寇提列著），台北市：寂天文化。

鄭瞬瓏譯（民102），《麥肯錫問題分析與解決技巧》，高杉尚校著，台北市：大是文化出版。

魏郁如、王潔、陳佳慧譯（民98），《我的人生思考》（詹姆士 · 艾倫著），台北市：立村文化出版。

POINT 15

INK PUBLISHING

解決問題的能力

作　者	陳澤義
總編輯	初安民
責任編輯	鄭嫦娥
美術編輯	陳淑美
校　對	陳澤義、韓桂蘭、鄭嫦娥

發行人	張書銘
出　版	**INK** 印刻文學生活雜誌出版有限公司
	新北市中和區建一路249號8樓
	電話：02-22281626
	傳真：02-22281598
	e-mail:ink.book@msa.hinet.net
網　址	舒讀網 http://www.sudu.cc

法律顧問	巨鼎博達法律事務所
	施竣中律師
總代理	成陽出版股份有限公司
	電話：03-3589000（代表號）
	傳真：03-3556521
郵政劃撥	19000691 成陽出版股份有限公司
印　刷	海王印刷事業股份有限公司

港澳總經銷	泛華發行代理有限公司
地　址	香港新界將軍澳工業邨駿昌街7號2樓
電　話	852-2798-2220
傳　真	852-2796-5471
網　址	www.gccd.com.hk

出版日期	2016 年 1 月 初版
ISBN	978-986-387-078-4

定　價	230元

Copyright © 2015 by Chen Tser-yieth
Published by INK Literary Monthly Publishing Co., Ltd.
All Rights Reserved
Printed in Taiwan

國家圖書館出版品預行編目(CIP)資料

解決問題的能力／陳澤義著. --初版.--
　　新北市：INK印刻文學, 2016. 01
　　208面；14.8×21公分. --（Point；15）
　　ISBN 978-986-387-078-4（平裝）
　　1.思考
176.4　　　　　　　　　　　104027231